「藤原正遠講話集」

第一巻

法藏館

昭和61年10月（81歳）

昭和63年浄秀寺にて　佐々真利子　　藤原正遠（83歳）

序　藤原正遠師の思想と信仰

池田勇諦

思想的系譜

思想は信仰ではないが、信仰はかならず思想とならねばならない。なぜなら、「生活の中に生まれ、生活・行動を支配する、ものの見方」（岩波・国語辞典）を「思想」とすれば、信仰はそこまで具体化して、はじめて生きてはたらく活力といえるからだ。

その意味から正遠師の思想的系譜といえば、義父・藤原鉄乗師（一八七九〜一九七五）をとおして出会われた清沢満之師（一八六三〜一九〇三）の絶対他力の思想であった。そこには正遠師自身、生死の境をさまよう病苦（心臓障害）が大きな縁になっていた。おそらく清沢満之自身が、不治の病苦、家庭の煩累等によって覚醒した究極的世界に大きな感動を覚えられたものにちがいない。

清沢満之の極め付きといえる言葉は、絶筆となった『わが信念』にみる次の一節だろう。

無限大悲の如来は、いかにして私にこの平安を得しめたまうか。外ではない、一切の責任を引き受けて下さるることによりて、私を救済したまうことである。いかなる罪悪も、如来の前には毫も障りにはならぬことである。私は善悪邪正の何たるを弁ずるの必要はない。何事でも、私はただ自分の気の向う所、心の欲する所に順従うてこれを行うて差支えはない。その行いが過失であろうと、罪悪であろうと、少しも懸念することはいらない。如来は私の一切の行為について、責任を負って下さることである。

この一節について金子大榮師が、

これは実に驚くべき叙述である。「わが信念」がいつでも問題になるのはこのことばである。しかし「わが信念」が真に私を救うのもこのことばのようである。（『清沢満之』九四頁）

と言われるように、まさに諸刃《もろは》の剣《けん》というべき文言だろう。私たちの詮索などまったく寄せつけないきびしさを、たぎらせている。

だが、このような言葉がどこで言えるのか。満之自身、この『わが信念』の中にも、

私の信念には、私が一切のことについて私の自力の無功なることを信ずるという点があります。この自力の無功なることを信ずるには、私の智慧や思案のありたけを尽して、その頭の挙げようのないようになるということが必要である。

と述べているが、その内実を明快に『倫理以上の安慰』の中には、

蓮如上人が「仏法は無我にて候」と仰せられたが、如来の威神力を信知したるものは、一挙手一投足が皆如来の成さしめ給う所である。従って自分の責任と言うこともないのである。さらに自我と言うことを見ないのである。自我がないから、従って自分の責任と言うこともないのである。もし蓮如上人にして今日の世に出で、今日の言にて仰せられなば、必ずや、仏法は如来の威神力にまかせて、無責任なりと申さるるであり

　ましょう。

と告白している。

　まさに「自我と言うことを見ない」からだ。だから「自分の責任と言うこともない」のだ。正遠師の腹の坐りはここだ。鉄乗師のご存命中、たしか昭和三十年代の後半ごろの浄秀寺・夏期講習会だったと記憶するが、休憩時間帯に正遠師の次のような一場面を見せつけられた。

K「先生は一切が自力無効で如来の大命と言われるが、それでは何をしても如来の大命ですか」

師「そうです」

K「なら、泥棒してもですか」

師「そうです」

K「それなら泥棒しても、よいのですか」

師「やれますか」

　自我の分別心で生き、自我の分別心でしか聞けない私たちに、なんと寸言百雷の響きであろうか。意志の自由も宿業のうちなのだ。否、如来の大命の見開きに、自「分」を尽くす歩みが始まるのだ。

　他（自我の分別心）に依《よ》るなかれ

　自《みずから》（分別以前＝現前の事実）に依《よ》れ

「分別以前のこの身」を生きる、その行証者・正遠師であった。

信仰の世界

そのような正遠師の思想的系譜をたずねるとき、その信仰のいかなる内実かはもはや明らかなところだろう。

(I) 正遠師の信仰告白に照らされると、私たちの生き方は肉体主義だ。それはこの肉体にしがみついて生きているからだ。「いのちあっての、ものだね」の諺ではないが、この身体一つを依りどころにして生きている私たちだ。

しかし。しかしそのたのみの綱のこの身体が、時々刻々壊れているではないか。老いる! 確実に、見事に、壊れつつある。あるお寺の伝道掲示板で、次の言葉にハッとさせられた。

老・病・死

あたりまえのことが

ただごとでないことを

身体から教えてもらう

このごろ

頭からでなく、「身体から教えてもらう」。身体が喚《よ》んでいる。南無阿弥陀仏と口に現れる称名は、まさにその声なのだ。「汝の所有物にあらず!」、自分の所有物なら壊れるはずはない。「他力だから壊れるのです、壊れるのは他力の証拠です」。

親鸞聖人は「自然」について、

自然《じねん》というは、自《じ》はおのずからという、行者のはからいにあらず、しからしむということばなり。然《ねん》というはしからしむということば、行者のはからいにあらず、如来のちかいにてあるがゆえに。

と言って、如来の本願、南無阿弥陀仏のはたらきと領解されている。

「自然」は「しぜん」と「じねん」の二様に読めるが、単に文字の読み方ということでなく、そこに大切な意味を確認させられる。「しぜん」といえば、おのずからしかるであって、ものごとの「しぜん」なるさまをいう。そこには何かがそうさせているというごとき意志のはたらきなどはない。「水は低きに流れ、煙は高きにのぼる」、ものごとの必然のさま、道理だ。

私たちの人生、生活の運行は、その意味で「しぜん」だ。内因・外縁（自因・他縁）の条件の出会いによる必然の果を生きているのだから。しかし私たちはその「しぜん」の道理に背き続けて、つねに我欲追求の執念でしか生きていない。さまざまな呪術信仰、神秘信仰を生みだして自縄自縛の苦を招いている。

いま私たちのなすべきことは、おのずからしかる「しぜん」の事実に、おのずからしからしむ如来の意志、本願の喚びかけを聞くことだ。まさにいのちの願いにめざめ、いのちの願いに生きることだ。「しぜん」を「しぜん」と気づかせる「じねん」のはたらきを、「しぜん」の事実に聞きうるとき、「しぜん」と「じねん」は本来不離一体だったのだ。正遠師の「一切がおあたえさま、一切が如来のお仕事です」の告白は、まさにここに立った言葉であった。

(Ⅱ) そうした絶対他力の信仰に私たちを導くものこそ称名念仏だと、正遠師は言い続けられた。言うまでもなく、称名念仏はどこまでも超越的なもの、いつでも、どこでも、誰のうえにあっても、本願の喚びかけ、喚び声なのだ。つまり私たちの作意を超えている意味で、「出る念仏」と言える。だが、私たちは「出る念仏」がわからない、私有化した念仏しかわからないから、「出す念仏」しかない。とは言っても、念仏は出そう(となえよう)と思って出せるものではない。さまざまなはからいが動くから。

しかし正遠師は「お念仏、となえてごらん、出してみなさい」と促し続けられた。その促しの詩に、とても注目させられてならない。

わからぬから南無阿弥陀仏
たすけがないから南無阿弥陀仏
親や兄弟・子どもも間にあわぬから南無阿弥陀仏
この身体も、この心も間にあわぬから南無阿弥陀仏
南無阿弥陀仏も間にあわぬから南無阿弥陀仏

ここには、「出す念仏」は自力だから無意味だなどの論はない。「出る念仏」＝他力の念仏は、「出す念仏」＝自力の念仏を尽くさせて、「出る念仏」に遇わせてくださる大悲心なのだ。まことに、

定散《じょうさん》自力の称名は　果遂《かすい》のちかいに帰してこそ

おしえざれども自然に　真如《しんにょ》の門に転入する

の『和讃』が示す如来大悲の善巧の恩徳を仰ぐ正遠師の深いうなずきの表現なのだった。

その意味で次の二首は、正遠師そのものだ。

いずれにも行くべき道の絶えたれば　口割りたもう南無阿弥陀仏

生きるものは生かしめたもう　死ぬものは死なしめたもう

　われに手のなし南無阿弥陀仏

九十二年の生涯を絶対他力の信仰に貫かれて、完全燃焼された正遠師であった。

読者諸賢には何はともあれ、ここに収められた正遠師のご講話と短歌に直接されることを念ずるばかりである。合掌

藤原正遠講話集　第一巻　目次

序　藤原正遠師の思想と信仰　池田勇諦

『正信念仏偈』講話

目　次

藤原正遠師を想う

「藤原正遠師を想う」執筆者

第一巻　正信偈

序　藤原正遠師の思想と信仰　池田勇諦

大法界を思うがままに　楠　達也

藤原正遠師と佐々真利子さん　藤原正寿

第二巻　法　話

藤原正遠師と共に歩んで　藤原利枝

はじめての正遠先生　柳沢　良

正遠先生、そして一ツ屋のこと　黒田　進

第三巻　法　爾一

信の風光—藤原正遠師のこと　金光寿郎

父を偲ぶ—念仏に生かされた人　三上正廣

正遠先生と「あや雲の会」　原　寛孝

地獄の下の阿弥陀さま　谷　栄子

一期一会の握手　助田小芳

第四巻　法　爾二

藤原正遠師と坂東報恩寺　坂東性純

藤原正遠師と私　土井紀明

遠く宿縁を慶びて　藤谷知道

恩師藤原正遠先生についての思い出　井上初美

第二の父　藤原千佳子

第五巻　歌　集

雪道行きつつ南無阿弥陀仏　西川和榮

「お与え」と「おまかせ」　林　貞子

自然を詠まれた詩に心を癒されて　依田澄江

想い出の父・正遠　藤原正洋

藤原正遠講話集　第一巻　正信偈

『正信念仏偈』講話

正信念仏のこころ

親鸞聖人のお喜びのうた

『正信念仏偈』の依経段《えきょうだん》は、お経をいただかれた親鸞聖人のお喜びが書かれていま す。それが前半の二十二行です。『正信偈』の後半は、依釈段《えしゃくだん》といいまして、七人の高僧方をおあげになって、お念仏を伝統して親鸞聖人の胸にまで届けてくださったことのお喜びを親鸞聖人がいただかれて書かれたものです。「帰命無量寿如来」から「難中之難無過斯」までが三部経によってお喜びを書かれた依経段で、その次の「印度西天之論家」から最後の「唯可信斯高僧説」までが、お念仏を喜ばれた、さらにお念仏を伝統してくださった七高僧の方々に対して、おかげさまでと喜んで書かれた依釈段です。

仏教というのは、仏の説かれた教えですが、仏の教えというのは、ほどける教えなのです。

お釈迦さまの胸が三途の黒闇に覆われて、そして苦しまれた。その胸の苦しみがほどけた。そのほどけた教えがずっと伝えられて、私の胸まできて、私の胸をほどいてくださった。それが仏教であり、仏の教えなのです。お釈迦さまは、王様であっても、心は三途の黒闇に閉じ込められていたのです。王様であっても、胸に暗闇があった。それで、お釈迦さまは城を出られたわけです。ですから、やっぱり私たちもお釈迦さまと同じ心の場に立って仏法の教えを聞きませんと、受け取り方がいい加減なところで終ってしまうことになります。では、お釈迦さまがどういうことに悩まれたかというと、お釈迦さまは三悪道に悩まれたのです。

法蔵菩薩が四十八願を建てられますが、その一番初めの願が無三悪趣の願で、三悪道のない世界を願われた。そして三悪道に悩む心がほどけて、法蔵菩薩は阿弥陀仏に成られたのです。このことは、とりもなおさず、お釈迦さまが三悪道に悩まれて城を出られた、そして六年後に心がほどけて三悪道のない世界が見つかったということでしょう。

では、その三悪道は何かというと、地獄、餓鬼、畜生の三つの悪い世界です。しかしそれは、どこかに地獄があり、餓鬼道があり、畜生道があるということではありません。私たちの心が、地獄であり餓鬼であり畜生そのものであったというところに気がつかれたということです。

地獄とは何か、これは無常ということだと私は言いたい。人間が一番恐ろしいと感じることは無常です。生まれたものが死ぬということです。他人が死んでくれて、私の死ということを予言してくれる。そういう自分が死ぬということを、お釈迦さまは城に居りながら悩まれたのです。それだから、人間は生まれたら死ぬという話でなくて、この身が死ぬということに悩まれた。それがはじめの地獄という世界でしょう。

二番目の餓鬼道という世界は、死ぬということはわかっているけれども、生の身をもっておりますと、生きることにおいて我々がいろいろ苦労する。まあ言えば、罪をつくる。生きるということは、罪をつくることです。三番目の畜生という世界は、自分の身がかわいいから自分の身を愛する、妻を愛する、子を愛する、孫を愛する。思うようになると、ずうっと愛しているけれど、思うようにならないと、相手を憎む。世の中には、親が子を、子が親を殺す。あるいは、親が子を犯すというような世界が、畜生という世界でしょう。

もう一つ、修羅というのがあります。この世界は負けん気の世界で、自分が生きるために相手をつぶして生きようとする世界です。お互いに自分を立てるために鎬を削っているのが修羅道という世界です。お互い家庭の中でも、やっぱりそういうものを持っております。家族といえども、お互いに鎬を削るわけです。

こちらが自由になっている時には無関心だけれども、自分が不自由になると、相手に対して口に出しても言うし、あるいは内心においてそれを苦しむわけです。そういうところが修羅道の世界です。

このような、地獄、餓鬼、畜生、修羅という四つの世界が人間の悩みのもとなんです。そのような悩みの世界をみんなが持っている。あなた方一人一人がその世界の中で苦しんでいるわけです。そして、この問題をお釈迦さまは解決なさった。それがほどけたわけです。

無量の諸仏のおまもり

親鸞聖人のお作りになった「現世利益和讃」に、

南無阿弥陀仏をとなうれば　　十方無量の諸仏は
百重千重囲繞して　　よろこびまもりたまうなり

というご和讃があります。「百重千重囲繞して」ということは、取り巻いてということです。取り巻いて、私を護ってくださる。私は今までこのご和讃を、友達は死んだのに、私は五十歳になり六十歳になり、七十歳までも命があるということから、このように長生きできるのは、百重千重に仏さまが護ってくださっているからだと、そんなふうに思っていたのです。けれども、どうもこの考えはちょっと錯覚ではないかと思うようになりました。それなら何かというと、我々の命というものは、まあ自分にしてはこの身一つしかないけれども、大きな世界、大宇宙からいいますと、我々が千年生きたところで、これは水の泡の如き存在なんです。人間においては長い短いというけれども、大宇宙からいえば、水の泡と我々の百年の命とは同じなんです。そういうものを仏さまが護っているというのじゃ、どうも話が小さすぎますね。

しかも一人の仏さまではない、百重千重と仏さまが取り巻いて護ってくださるというのだとすれば、どうもおかしい。実は、私も長い間そういうことを思っていたんです。しかし、最近はどのように考えているかというと、先ほどもお経をあげながら法名帳を開いて亡くなられた方々を偲んでいたわけですが、このように身を殺して死んでみせて、そしてお前さんは生死問題が解決しておるかとご催促くださっているのではないかと感じております。そのように私にご催促してくださる方々が仏さまでないでしょうか。

また愛情の問題、競争の問題に対しても、いろいろな形でご催促があります。新聞紙上を見ても、私の今居る場所というものが安定をもっているかどうかと問われることばかりです。百重千重囲繞して、私に対して有限の世界にまだ安閑としているのでないかとご催促されているのではなかろうかと、こういうふうに思うのです。

ここに正遠会に関係のある方の過去帳があります。昭和三十年十二月五日、戸川様のご主人が五十三歳で亡くなってくださっています。五十三歳ですから、まだ死にたくないいっぱいでおありだったでしょうけれど、死んでみせて、この私の命に対して自由はきかんぞと、こういうふうに身をもって見せてくださった。これが諸仏なのではないでしょうか。

植田さんのご主人は、七十歳と書いてあります。だいぶお年のように思うとったけれど、今の私より若かったんですね。一度お見舞いに行ったのですが、その時はだいぶお年のようでございましたが、今の私より若かった。植田さんは、昭和三十六年十二月八日に亡くなっていらっしゃいます。それから田中次というお方が昭和四十一年十月四日、歳は書いてない。それから槇みや様、九十二歳、昭和四十三年二月八日ですから、十年前です。山口正雅さんは、お歳はわかりません。昭和四十三年六月一日、会計の世話をしてくださっていた方ですね。その次は小山茂平さん、七十歳で、昭和四十三年八月二十日に亡くなられた。鬼塚隆三郎さんは、そう何回もお見えにならなんだけれど、いろいろ熱心に聴聞なさった方で、昭和四十三年六月二十日に亡くなっています。昭和四十三年は、だいぶ亡くなっていらっしゃるようです。昭和四十四年三月十三日に、佐々さんのお母様が八十三歳で亡くなられた。昭和四十四年九月二十七日には、川崎様のご主人が七十一歳で亡くなられている。武田七郎様が、昭和四十八年三月二十八日ですね。四十八年と書いてあるが、もうちょっと前のような気がするけれど、そうでもない。いろいろとお世話してくださっていた。小柳虎六様は、ごま豆腐の先生。昭和四十九年二月二十一日。小山勝子さん、六十七歳、昭和五十年十一月八日。それから中道様のご主人が七十三歳で、昭和四十五年七月十一日に亡くなられた。まあ皆様方まだそれぞれご縁がございますが、一応こんなことになっているわけです。

私は、やっぱりこういうお方が諸仏ではないかと思うのです。この諸仏が、あの手この手で私たちの油断を目覚ますために身を殺して、そして私たちに、いったい今いる場所で本当に魂の安心ができているか。毎日の生活にただうかうかしておって、本当の魂の安心をなおざりにしてるのじゃないか。やっぱり自分の魂の安心をいただくということが一番自分に親切で、また自分も一番うれしいことでなかろうかと、こういうふうにおっしゃっているのが、百重千重囲繞して仏が護ってくださっているといわれる意味ではないかと思うわけです。池野さんの息子さんですが、亡くなって今年で十七年になります。それが池野さんの法を聞かれるご縁になったのです。そういうことでございます。

皆様たちそれぞれに追憶なさると、各々のお方が死んでみせて、そして私にご催促してくださるわけです。

帰命のこころを開く

お釈迦さまはそういうことに脅迫されて、いくら王様であっても、その点においては安心がなかったのでしょう。それで城を出られた。そして六年の後に「ああこんな世界があったのか」と、今まで居りながら知らなかった世界が見つかって、三途の黒闇が開かれたわけです。それから、三悪道がなくなった。有りながらなくなった。すっかりなくなってしまったのではなくて、有りながらなくなった。お釈迦さまは、そういう世界を開かれたとき、自分がお城で長い間苦悩しておったと同じように、この世界を知らないで悩んでいる人たちをご覧になって、なんとかこの世界を知らしてやりたいという、そういう願いが発った。その願いを本願として建てられたのが法蔵菩薩であると、こう私は思うわけです。

『正信念仏偈』というのは、念仏を正しく信ずるうたです。それを私はこんなふうに読んだのです。「念仏を正しく信じさせていただいたうた」です。たいていの人は、念仏を私が正しく信じたから、こういう世界が見つかったと言われますが、本当に私が正しく念仏を信じたのでしょうか。

『正信偈』というのは、念仏を正しく信じた偈ということで、親鸞聖人の胸がほどけた喜びが表されているわけです。これは親鸞聖人の「御本書」であるところの『教行信証』の「行巻」の終りのところにあります。『正信念仏偈』というのですから、普通から言えば、念仏を正しく信じたうたということです。

しかし、この私が正しく信じた、という時には、私が残るのじゃないかと思います。念仏を私が信じて、こんな世界が出たということになると、私は信じました、という私が主体になる。そうすると、私は信じた、しかしお前らはまだ信じとらんと、こういうものが出るのでないかと思うんです。

親鸞聖人は二十年間比叡山でいろいろ修行なさったけれども、「いずれの行もおよびがたし」ということから、法然上人に勧められて念仏なさった。そしたら結論が出たわけです。だから親鸞聖人のお心としては、念仏を正しく信じさせていただいたということではなかろうかと、私は言いたいのです。信じさせていただいたというのは、どういうことかというと、たとえて言えば、この薬は腹の痛みが止まるということを信じて飲んだのではなくて、「飲め」とおっしゃるから飲んだということなのです。それで、やっぱり薬が正しく利いたのか痛みが止まったというようなもので、自分には念仏というものがどういうものか、なぜ痛みが止まるのかなどは、何もわからないのですよ。ただ法然上人が、「ただ念仏して弥陀にたすけられなさい」と言われたのを素直に聞いて、それで念仏なさったら、こういう世界がほどけたということなのです。

字からいえば「念仏を正しく信じるうた」と読むのだけども、そのお心は、念仏を正しく信じさせてもらったということなのでしょう。

こういう世界が「帰命無量寿如来、南無不可思議光」と表されているのです。これがお釈迦さまの、お悟りの世界を知られなさったということの表白なのです。

帰命の「帰」は帰る、「命」は命《いのち》という字です。毎朝お参りなさっていても、このいわれがわかっていると、なるほどと味わいがいただける。ただ何か仏さまにお供養でもするように読んでいてはいかんのです。中身がわからんというと、どうしてもそうなってしまう。では、正しいお心は何かというと、帰は帰る、命はいのち。今まで私の命は母の命から出ておったと、母が中心だったけれども、今ではご信心をいただいて、母親は限りある命だけれども、無量寿如来という壊れない命の親に私は帰ることができた、ということです。

南無不可思議光の南無は、帰命です。不可思議光というのは、思議すべからざる光と書いてあるが、考えてはいかんというのではない。我々は自分の頭でものがわかろうわかろうとしとったけれども、この頭でわかるような、そんなちっぽけな仏様でないということです。まことにこの全宇宙のあらゆる出来事が、ただ不思議なことである。またその不思議の中に私はあらしめられている。今まではこのことを知らずに、ただ私が生まれて、私が死ぬという私中心だったけれども、私というものが、存在しているのではない、私というものは、不可思議光如来という親、無量寿如来という大法界から出ていたのだということに、今気がついたということです。法界といいましても、言葉だけではよくわかりません。だから、わざわざ阿弥陀如来が法界から姿を顕してくださった。そして私は、その阿弥陀仏の命から出ていたということに気づかさせていただく。そういうように、やっぱり親が立ってくださったということが、ありがたいことなのです。

法にまかせるといっても、どうしても漠然としたものでしかありません。それで、わざわざ阿弥陀仏が法界から姿をとって顕れて、まかせてこいとおっしゃるところに、やはりその喚び声にこちらがまかせることができるようになるわけです。お喚び声があるから、まかせられる。喚び声のないところには持って行きようがない。阿弥陀仏が姿をとって、そして私のところまでおいでなさい、私のところまで来なければ、あなたの魂は助からんぞと喚びかけておられる。そのお喚び声が南無阿弥陀仏なのです。

機法一体の南無阿弥陀仏

はじめは私が南無阿弥陀仏と呼んでお浄土に行こうと思うとったけれども、いくら念仏しても唯除五逆誹謗正法ですね。念仏して私が助かろうと思うとったけれども、いくら念仏しても助かる余地のないところに、今度は向こうから南無阿弥陀仏とたのませたまいて迎えんと誓われたのです。向こうから抱きにこられた時に、こっちが無条件降伏の場に立っていなければ喚び声は聞こえないわけです。こちらに力があると、いくら向こうから無条件降伏しろと言われても行かないし、無条件降伏しようと思っても、喚び声がなければできない。その二つが一緒になったところで、本当に自分の念仏も捨てられ自分の自力も捨てられる。いずれの行もおよびがたしというその場と、罪はいくら深くても私は抱きとってやるぞという向うからのお喚び声と、この二つが一体になった世界を機法一体の南無阿弥陀仏とおっしゃるわけです。そういうところに、その人自身の体験がなければならない。親鸞聖人は、やっぱり、それが一枚になったのでしょう。

「いずれの行もおよびがたし」ということと、如来さまのお喚び声とが一緒になった。

自分の力の全くない、「いずれの行もおよびがたし」というところで助かる。助からんかしらんけれども、ただその道一つが残されておって、そしてそのままに阿弥陀仏に摂取されるわけなんです。そうすると、阿弥陀仏の内容はどういうものかというと、助けるという内容が大法界であって、どんなことも全く狂わない大法則の中に動いている世界に、阿弥陀仏が立って、その全くどうにもならぬところを抑えて、そして摂取にいらっしゃるわけですね。そういう場所なんです。これはですから、頭でいくのでない。そういう話を聞いて、自分がそういう世界に遇うわけです。

この間も、みかんむいて、「先生、甘いですか、すっぱいですか」とおっしゃるから、「食べてごらんなさい」というと、その人は笑っておりました。これはやっぱり食べなければならんものですから、面倒なんですね、「極難信」です。

食べてみれば簡単なんだけどねえ。まあしかし、食べた人が出した結論が、帰命無量寿如来、南無不可思議光という世界なんです。その世界は、たとえ親鸞聖人であっても、頭で理解できるような、そんな小さな世界じゃないんです。話はわかるけれども、わかっても忘れる私たちの頭なんですからね。わからん、わからんとおっしゃるけども、それは邪見憍慢というものです。この頭でわかろうとすることが邪見なんです。しかし、自分の頭や意識で受け取るよりほかないから、こっちはわからん、わからんと言うことになる。たとえわかったとしても、ぼけりゃ落とす。それだから、わかろうとしてることが邪見憍慢なんです。

しかし、わからにゃどうするということになります。納得しようと思って来とるのですからね。自分の頭でわかろうとするというのは、自分の方に仏さまの世界を取り入れて理解しようということです。こちらの方でわかっても、向こうはでかいですよ。大海の中で水の泡が大海を理解しようとするようなものだ。水の泡が理解してみたところで、所詮は泡ですわね。そういうところから極難信とも言われるのです。しかし、この頭でなく本当にわかるときがある。やっぱりわかるのです。

話はわかるけど、どうも胸が落ち着かんというのは、あれはわかっていないのです。わかるということは、わかったと言えないとおなかがふくれんですよ。人に言わんでもいいが、なるほどなあとわかる。そういうわかり方でしょう。話としては、私は存在していなくて、無量寿如来の中に私があるということです。しかし毎日の生活から申しますと、なかなかそんな、無量寿どころか有量寿で困り果てている。その毎日の壊れる世界が機です。法は壊れない世界です。

壊れる世界と、壊れない世界が一つになるということが難しい。

世自在王仏と法蔵菩薩

どんなものでも大法から出ているということを、なんとか皆に知らせてやりたい、という大慈悲心がお釈迦さまに発《おこ》ったのが法蔵菩薩だと、私は思うんです。それから世自在王仏というのは誰かといえば、お釈迦さまです。私はそう思う。

世自在というのは、世の中が自在ということ。だから、あらゆる出来事が矛盾なく自在な仏さまになられたのが世自在王仏です。本当の自由人になられた。なぜなら、この世界はもう全部法のなさしめたまう通りになっているんですよ。その法に抱かれたお釈迦さまは、世自在王仏ですよね。どこにも矛盾がなくなった。矛盾というのは、法をまぜ返しとるから矛盾があるのです。全くまぜ返す手がないというところまできたら、みんな法の活動であったということで、世自在王仏になられた。

そして今度は、これを多くの人々に知らしてやりたいということになった。罪の深い人や障りの多い人。そういうことにあくせくしている人。そんな人に対して、罪や障りを種にして、この世界を知らしてやりたいなあという、そういうお慈悲の仏がお釈迦さまの胸の中に生まれなさったのが法蔵菩薩でないかと、私はこういうふうにいただくわけです。

帰命無量寿如来、南無不可思議光というのが、そのお答えです。しかし、それになるのに、私はどうしてなれたのかと親鸞聖人がふり返ってみられると、実は私の力でなれたのでない、これは法蔵菩薩と世自在王仏というお方がましましてと、こういうことになるわけです。

次に「法蔵菩薩因位時」とあります。法蔵菩薩が因位の時ということは、阿弥陀仏になられる前ということですから、まだ四十八願を建てて、どうかしてすべての人々に、罪や障りを種にして、帰命無量寿の世界、南無不可思議光の世界を、知らしてやりたいという願をたてられた時です。まだ仏道成就していないのが因位の時。その法蔵菩薩因位の時に、世自在王仏のみもとにおられた。そして、世自在王仏になられたお釈迦さまが、どうして世自在王仏になられたかということを法蔵菩薩が吟味なさる。それが「覩見諸仏浄土因」です。仏さま方がどうして無量寿の世界に行けたかという、その因を見るわけです。

次の、「国土人天之善悪」というのは、我々が有限界の善悪で苦悩しているのをご覧になるということです。我々は有限の中で無限を探しているけれども、実は無限の中の有限なんです。それを何とか知らせたいということから、「建立無上殊勝願」と四十八願をお建てになった。そして、この願がかなわなければ私は仏になりませんという大弘誓をお建てになったというわけです。

世自在王仏というのは、自利利他円満の仏です。心の中にどんなものでも包含されている。そういう世界が見つかって、自分もその中にいるし、極重悪人もその中にいる。地獄も極楽も全部その中にある。そういう自由人になられたんです。こういう自由の世界というのは、生まれるも死ぬも、みんな法の活動でね、私が生まれて死ぬのじゃない。永遠に狂わぬ法の中に私は生まれて、また法の仰せでまた法界に帰る。今も法の中にいる。私だけでない、短い命も長い命も、それはもうちゃんと法に決定されている。朝顔は朝咲いて夕方しぼむし、松の木は百年、鶴は千年、亀は万年というようなことが永遠に決定されている。こういう世界が、お釈迦さまの胸に開いた大法界です。しかし、それに遇われるのに六年間の修行が必要であった。修行をいくらやっても法と相撲がとれないという限界において、法からのお声が聞こえたのでしょう。自分の力で聞いたらね、聞いたという私が残ります。そうではなくて、全くいずれの行もおよびがたいというところに、向こうから、ここは法界であるぞというお声が響いてくださったのでしょう。そこで南無阿弥陀仏ということのいわれがわかるわけです。

阿弥陀仏の命から私は出てきておった、法界から出てきておった。しかし、法だ法だといっても、やっぱりそこにお母さんと呼ぶように、南無阿弥陀仏と呼んだところに、身も「なんまんだぶつ」、心も「なんまんだぶつ」となったところに、私は法界から出ていたということが知られたんでしょう。そういうことが、法蔵菩薩の見い出されたお慈悲の世界です。

障りおおきに徳おおし

無量寿如来に帰命するといわれますが、帰命というのは、無量寿の命に帰るということ。これは元はそこに居たから帰るので、居なかったら帰るとはいいません。ですから、行くのでなくて、そこから出てきていたから、そこに帰るのだということがわかった時に、私が死ぬわけです。私の力で生きていると思ったけれど、そうではなかった。仏の法の命で生きていると思ったけれど、そうでなかった。仏の法の命の中に私はいたんです。

これを法の命で生きとったというふうに理解しますと、これは法づのりといいまして、自分というものがまだ意識の中におるわけです。しかし、私はどうもならん、どうもならんと言うてると、これは機づのりといって、機を募っていることになる。機法一体にならないといけない。どうもならんという世界で、どうもならんというのではない。法のまんまなんです。法の中、法の活動の中にいるとね、どうもならんというのと違うのです。南無阿弥陀仏という世界は、どうもならんのではないですよ。全く法のお命の中にあらしめられた。それがこちらのどうもならんというところを通さないとわからないのです。

いずれの行もおよびがたしというところに、南無阿弥陀仏という世界が開いてくる。どうもならんからお念仏にすがりつくというのではなくて、どうもならんというところに南無阿弥陀仏の世界が開いてくるのです。

「高僧和讃」の曇鸞讃に、「罪障功徳の体となる」というお言葉がありますが、罪や障りに責め立てられて、まったくどうもならんということが、親の世界に生まれる種になるのです。

罪障功徳の体となる　　こおりとみずのごとくにて
こおりおおきにみずおおし　　さわりおおきに徳おおし

その障りというのは、本当は障りではないのです。法の世界をまぜ返して障りというているんであって、障り多きに徳多しということは、障りをいくらやってもどうにもならんというところに如来の声が響いたわけです。そうすれば、これはもう全部私に与わった、決定されたことなんですよ。ところが、またこれを頭で考えて、決定されたことなら死ぬことも心配せんでいいですねと早合点するのです。そうではないのです。死ぬことはいやですということが煩悩即菩提で、それも決定されているのです。

私のところは、今年は雪が合計一〇メートルほど降った。まあ二メートルくらい降って、それが重なって、また消えて重なって、いつも一メートルくらい積もっている。多い時は二メートルくらい積もっているんです。その雪を朝ブルドーザーで開けて回る。それでもなかなか四、五日も道がつかんこともあります。この前の豪雪は屋根も崩れるくらいで、屋根の雪を道にほうり上げたんです。それは長くなかったんですが、今度のは長かったから、今度の方がひどかったですよ。しかしその雪がとけますと、その下にちゃんと蕗の薹が大地から顔を出す。腐ることもなく、生き抜こうという力を持って伸びてくるのです。死にとうない、生き抜こうという力があったから、雪が消えると土の中から蕗の薹が出てくる。私たちも、そういうものがあるわけなのです。そうすると、みな如来の仕事だから、いつ死んでもいいと、こういうふうに早合点するのでなくて、死ぬのは、これはいくらいっても決定されている。しかし、その死ぬ日まで生きたい生きたい、死にとうない生きたいと、こうなる。煩悩が即菩提ということは、死にとうないという心、生きたいという心が仏さまの仕事なんだということです。

煩悩が仏わざとなる

煩悩即菩提ということは、煩悩が仏わざとなるということです。

生きたいという心が仏わざなんです。あなた方も腹立つということがありますね。腹立つということは、たとえていえば海の波のようなものです。風が吹かないと、海の上に波は立たない。これはもう永遠に波は立たない。しかし風が一吹くと、波は一だけ上がる。二吹くと二だけ上がる、十上がるというと、今度はダアーッとやってくる。風が静かになると、明くる日はおとなしい。そういうことをみんなやっているんです。私もやっているし、相手もそうやっている。

おばあさんと嫁さんの間でも、嫁さんがふくれていて、何かに怒っているようだと、お姑さんはやっぱり気兼ねする。だんだん年を取って自分の力がなくなると、お嫁さんに気兼ねするようになる。旦那さんが弱くなって嫁さんが強い時には旦那さんを叱るよ。旦那さんの元気な時は、嫁さんは「はいはい」と言ってる。でも旦那さんに病気でも出ると、嫁さんは強うなるぞ。そういうふうになっている。これはもう変わらんですよ。

姑さんがね、何かもの言うても、嫁さんはふくれて返事もせん。ぷんぷんふくれて台所でじだんだ踏んどるもんだから、どうしたことかと思うてねえ、腹へっとったけども、ほんのちょっとだけ夕飯食べて寝床に入った。けれど、「なんであんなに怒ったんやろう、別に私に怒られる種子はないのに」と思うてね、夜もろくろく寝なんだ。明くる日になったら嫁さんは、「おばあちゃん、おはようございます」と言うて、昨日とはストンと様子が変わっとる。うちの嫁、昨日はあんなに怒っとったのに、なんであんなに機嫌がくるくる変わるのやろうかと、おばあちゃんは思うわな。

しかし、いっぺん教えを聞いておくと、嫁さんの方は昨日波が立っとったんやけど、一晩寝ている間に波が静かになったんだということがわかるようになるのです。ところが、おばあちゃんは、昨日から今朝まで波が立っていて、その目でものを見るものだから、「うちの嫁は変なやつじゃ」ということになる。そんなことはない、変でも何でもないんです。そういうことを私たちは教えていただくのです。

仏法に遇わせていただいて、そういうことを教えていただくと、あの時はだいぶ波が立っていたなと自分でわかるようになる。そして、今後もまた波は立つぞということもわかる。風が吹かなければ波は立ちません。だから嫁さんの場合も、昨日は風が吹いて波が立っていたのだとわかるようになる。それを「三世の業障、一時に罪消える」というのです。そういうことが一念帰命ということなのです。

わかれば、みんなとけてしまいます。しかし、とけてしまうからといって、腹が立たんようになるわけではない。「煩悩を断ぜずして涅槃を得る」のですから、煩悩が起こることがなくなるのではない。それを海がお手本を見せてくれている。皆さん、思い当たることないですか。こちらが波立ってるときには自分で抑えることができないから、つい友達に言ってしまうね。言うている時は、まだ波が立っている時だ。そのときに、友達のところに行って言うほどに私は心に波が立っとるわい、というふうに知らせてもらえれば、言ってもいいわけです。

言うなというのではない。そのままの救いなんです。私たちのありのままが、みんな如来から出ているということです。そういう世界をどうにかして知らせてやろうというのが往相ということ。私たちの、自分の力ではどうにもならんところで、仏さまが待っておられるわけです。ところが、二十願の自力の念仏というのは、念仏をして自分の腹立ちをとめてもらおうとする。風が吹いても波を立てんようにしようと念仏するのだから、これは五百年たっても無理です。念仏して腹立たんものになろうと思って、一生懸命「なんまんだぶ、なんまんだぶ」と言うても、波はおさまりません。いくらお念仏を称えても、腹立ちはおさまらん。そういう祈りはやってもだめなんです。こういうふうに知らせてくださるのがお念仏だ。

祈りも間に合わんぞということを知らせるために、南無阿弥陀仏のお念仏がはたらいてくださる。そして、はたらいてくださったあとは、今度は還相という世界が開ける。祈ることも、また親のほうから祈らせてあったんだと知らせていただくのです。子供が試験に合格するように神様に参っている人を見ても、ああ無理もないわいと見ることができる。私たちでも、神様には参らなくても、祈りどおしじゃないですか。病気すると早く治らないかと祈ります。神様に参らんでも心では祈っているもの。

それが祈りも間に合わないと知らされて、そこで一度往相ということで親元まで行ってくるのです。それから後は、祈ることでもなんでも、阿弥陀仏から出ているという世界が開かれてくる。このように、南無阿弥陀仏ということが橋渡しとなって、私たちに大法界を教えてくださるのです。親鸞聖人は、「いずれの行もおよびがたし」というところで念仏を称えられた。聖人もやっぱり腹立ちを止めてくださいという念仏が長かったのではないでしょうか。ところが、いくら念仏しても止まらんものですから、とうとう「いずれの行もおよびがたし」ということになって、それからまた腹立つことが真になったのです。

だから「念仏のおかげで腹立たんようになりました」などと言うているのが二十願です。風が吹くと心に波が立つようになっているのです。それなのに波が立つと信心が壊れたような気になる。

十八願では、その私が死ぬんです。私が死ぬというのは、私が親をまぜ返すことがなくなるということ。私が死んだら私のすることはみんな親の仕事になる。私のままが他力の中の出来事になるのです。こういう広大な世界が他力念仏の世界です。

次に「五劫思惟之摂受（五劫、これを思惟して摂受す）」とあります。五劫というのは、長い時間ということ。ですから五劫思惟というのは最上の思案ということです。摂受すとは、いわゆる四十八願がここに出来上がったということをいう。おさめ、受ける。四十八願が成就したわけです。

そして「重誓名声聞十方（重ねて誓うらくは、名声十方に聞こえんと）」、重ねて誓ってあるわけです。何が誓われるのかというと、南無阿弥陀仏というお念仏が、永遠に十方に聞こえて響き渡ることが誓われている。苦悩している者を救ってやらなければ私の願が成就しないということで、重ねて誓われているのです。これは『無量寿経』でいえば、四十八願に続けて説かれている「三誓偈」を受けておられるのです。

十二光の救い

苦悩の世界を照らす光

普放無量無辺光　無礙無対光炎王　清浄歓喜智慧光　不断難思無称光　超日月光照塵刹　一切群生蒙光照

（あまねく無量・無辺光　無礙・無対・光炎王、清浄・歓喜・智慧光、不断・難思・無称光、超日月光を放って、塵刹を照らす。一切の群生、光照を蒙る）

これは「帰命無量寿如来、南無不可思議光」というのを、もう少し分析して詳しく説かれたものです。最初の「普放」は、あまねく放つ。そして十二光とは、無量の光、無辺の光、無礙の光、無対の光、炎王の光、清浄の光、歓喜の光、智慧の光、不断の光、難思の光、無称の光、超日月の光です。この十二の光が我々の苦悩の世界を照らしてくださる。そのあと「一切群生蒙光照」とありますが、一切の群生はすべての群がって生きているもの、つまり悩めるもの。これがその光を蒙るわけです。ですから、私たちは阿弥陀仏の慈悲の光に照らされているのです。でも、それを知らないでいる。そのことを知らせてもらったら、慈悲が出てくるわけです。

光というものは暗闇を照らすものです。「無量光」というのが始めに出ますが、「無量光」という光は何を照らしてくれたのでしょうか。また「無辺光」というのはどうなのでしょうか。

実は山川草木すべてが、無量寿の光の中に、無辺の光の中にあるのです。私一人だけでなくて、残るところもなく阿弥陀仏の光で包まれている。以前に、子供を三人風呂に入れて、上から蓋をして三人とも殺してしまった母親がありました。残るところもなく、すべての人間が阿弥陀仏に照らされているというならば、自分の子供を殺してしまうような親までも照らされているといえるのでしょうか。「無量光」「無辺光」というのですから、仏さまのお光がその母親をも子供をも照らさなければ、無量でも無辺でもないわけです。

如来の作願をたずぬれば　苦悩の有情をすてずして
廻向を首としたまいて　大悲心をば成就せり（『正像末和讃』）

というのですから、殺した親も殺された子供も、阿弥陀仏のお光に照らされているのです。私たちはみんな無量無辺の光の中に入っている。残るところもなく隅々まで如来の光の中にあることが無量ということ、あるいは無辺ということです。無量無辺の光の中にすべての人がおさまっているというのなら、どうして自分の子供を殺すような母親が出てくるのかということになります。「願作仏心が度衆生心」という。

仏に成るということは、一応、私が往相して法に抱かれます。今度還相ということで、つまり、あらゆるものが十二光仏に照らし出される。とはいっても、照らされるということにはどういう意味があるのかが問題になってきます。お光に照らされてみんなが救われるというのならいいのですが、そうでないわけですから、今度は阿弥陀仏のお仕事というものを吟味しなければならなくなるわけです。仏さまというものの中身を吟味しないといけない。

諸仏に捨てられたものを、阿弥陀仏だけが抱き取ってくださるという、その阿弥陀仏の中身が、どういうものであるかということです。このことがはっきりしませんと、なかなか心が落ち着きません。阿弥陀仏の中身がはっきりすれば、治まるわけです。「罪はいかほど深くとも、私だけは救う」という、その阿弥陀仏の中身がはっきりしませんと、やっぱり自分が救われない。

では、阿弥陀仏は私たちすべてを照らして何をなさるかというと、大法界を私たちに知らせてくださるのです。大法界の中に生きている私たちであるということを知らせて、それによって救いとろうとされているわけです。

三願転入の歩み

親鸞聖人がその大法界に出遇われた歩みが、三願転入として示されています。三願転入というのは、「化身土巻」に、

久しく万行・諸善の仮門を出でて、永く双樹林下の往生を離る。善本・徳本の真門に回入して、ひとえに難思往生の心を発しき。しかるにいま特に方便の真門を出でて、選択の願海に転入せり、速やかに難思往生の心を離れて、難思議往生を遂げんと欲う。果遂の誓い、良に由あるかな。（『真宗聖典』三五六頁）

とあるように、十九願の仮門から二十願の真門に回入し、そして最後に十八願の選択の願海に転入されたという歩みです。

まず十九願の仮門ということですが、親鸞聖人は二十年間比叡山で悪をすてて善に向かうという努力をなさった。これが仮門です。そこで聖人は五戒をたもとうとされた。第一に殺生戒、殺すまいということをなさった。しかし生きるということは、殺さなければ生きられない。普通には、皆がやっているから魚を食べてもいいというんだけれど、しかし、善い悪いではないですね。やっぱり食べなければ生きられない。

不邪淫戒ということもあります。キリストは、あの女はきれいだと思った時はもうそれで姦淫を犯していると厳しく言っています。あの人が好きだと心の中で思っただけで、もうその人は不邪淫戒を犯したことになるわけです。

また、不飲酒戒というのもあります。酒を飲むなという。酒の嫌いな人はそれでいいけれども、酒を飲みたい人はどうしても酒がやめられないらしい。とにかく五戒をたもとうとしても、なかなかできないんですね。聖人も五戒をたもとうとすればするほど、逆にたもてない自分の本性が出る。本性が出るということは、自分の本当の姿が見えてくるわけです。

殺すまいとすれば、殺さなければ生きられないということが出てくる。盗むまいといっても、やっぱりいろんな点で盗む。不邪淫ということにしてもそうですし、嘘を言うなということでも、やっぱり嘘も言ってしまいます。親鸞聖人は比叡山で座禅なさりながら、こういうことが見えてきたわけです。それを何とかはねのけようというのが十九の願です。そういうものを取りのけて清浄になろうとする。ところが、五戒をたもとうとしても、いよいよ「いずれの行もおよびがたし」ということが明らかになるばかりで、自分の力ではどうしても五戒がたもてなかった。そこで念仏しなさいと言われて念仏をなさった。つまり自分の力ではたもてないから、今度は神仏の力で五戒をたもとうとなさったのが二十願ということです。これは半自力半他力です。

煩悩即菩提

神様にたのんで罪を犯すまいとする。ところが、それができないから、阿弥陀さまのところへ行ってお詫びをすることになる。念仏しておれば腹が立たぬようになるかと思ったけれど、またしても腹が立つものだから、阿弥陀さまに「また腹を立ててすみません」とあやまるようなことになる。それが二十願の仏さまです。しかし、いくら頼んでみても、やっぱり五戒がたもてない。それどころか、いよいよ「悪性さらにやめがたし」という自分の本性が出てきたわけです。そして、とうとうそこに「唯除五逆誹謗正法」ということが出てきた。いくら念仏してもあなたは五逆罪を犯す。父を殺し、母を殺し、坊さんに傷をつける。そういう者は、いくら念仏してもだめだということが出てきた。

そして、そのいくら念仏してもだめだと言われているのが、ほかでもないこの私であったということが知らされたわけです。念仏は他人のためのものではない、「親鸞一人のため」と示されています。このように本願をお建てになった阿弥陀仏というのは、自ら身をもって修行して、そしてみんなやってしまって、念仏を称えてもだめだということを明らかに知った上で、私たちを救いにきてくださるのです。それは「悪性さらにやめがたし」ということがこの世界の法だからです。この法が絶対動かせない大法界なのです。

そのことが知らされると、今度は憎み心が出ても私が憎むのではないと知られる。それどころか、この一息というものが私で自由にならないのです。吸うて吐き、吸うて吐きするその一息が私のものではない。いくら念仏しても思うようにならん。どうにもならんから、念仏しているその間にそこまで到達させてやるというのが本願念仏の慈悲なのです。

腹を立てるというのも、あなたが立てているのではない。風が吹くと波が立つ、そういうことをこの世の中の皆がやっている。私がやっているのと同じように相手もやっている。それを、仏さまの法を知らないと、私が生まれて私がやっていると思う。そのような私を法が抱きにくる。「三世の業障、一時に罪きえる」というのは、私の業だったけれど、それは如来さまのお仕事、法の仕事であったと気づくことなのです。ところが私たちは、すぐそれが善いか悪いかと判断する。そして悪いことだから、それを出すまいとして皆それを注意するのです。しかし出てきてしまうのでしょう。

いくら十九の願で止めようとしても止まらないし、念仏や題目で止めようとしても止まらんところに、とうとう南無阿弥陀仏ということが出てくる。そして永遠に変わらない法によってあらしめられていることに気づかされるのです。だから腹を立てないようになるのではない、腹が立つのが南無阿弥陀仏なのです。それで両方が立つのです。

生まれて死ぬのが「なんまんだぶつ」。しかし、死にとうないで他人を殺しても生き抜こうという心が「なんまんだぶつ」。だから「煩悩即菩提」ということは、生きたいというそれが仏わざだということです。それから、いくら生きたいと思っても死ぬ日の決まった時に死ぬから、これを「生死即涅槃」という。長い短いが「差別即平等」。この三原則が仏さまの胸に成就したら仏になる。

私たちも毎日そこで苦悩しているけれども、一度その世界がわかると、貪愛瞋憎の雲霧が常に出どおしであるけれども、「たとえば日光の雲霧に覆わるれども、雲霧の下明らかにして闇なきがごとし」ということになって、やっぱりそういう世界が「なんまんだぶつ」ということで開かれてくるのです。

腹が立たないようになるのではない、やっぱり立つ。立つけれども、一度、機法一体の南無阿弥陀仏というもとが決まると、風が吹けば波が立つということは法にかなったことだと心が騒がない。風が静かなときには波は立ちません。「貪愛瞋憎の雲や霧」と書いてありますが、なかなか雲や霧どころではない、私たちはもうこれに振り回されています。欲しいものを相手がよこしてくれたときにはかわいがり、よこしてくれなければ腹が立つ。表面に出せなければ心の中で憎んでいる。だから「常に」と書いてあります。常にそれが出どおしである。しかし一度如来に遇えば、雲や霧が日光を覆って一応暗くなるけれども、全部真っ暗にはならないというのです。「雲霧の下明らかにして闇なきがごとし」。そういうことをこうやって聴聞していくわけです。

無礙の光

「無量光」「無辺光」の次は「無礙光」です。無礙とは、障りがないということ。私たちは有礙です。しかし仏さまは無礙の光をくださる。どんなふうに無礙の光をくださるのでしょうか。

腹が立っている自分には障りがあります。仏さまがその障りの私に対して、「それがお前の真実であり、法の真実なのだぞ」と言われることで無礙になる。私たちは腹立ちを取ろうと思うからいけないのです。こちらの腹立ちを取ろうとする手が取れたら、その腹立ちは、法が出ている、真が出ているということが知れる。そういうことが南無阿弥陀仏です。風が吹くと波が立つというのは、それが自然の浄土です。十八願とは、どこにも逃げ場のない世界。それしかないので真実の世界なのです。それが真実だということを教えてくださるのです。

そうすると、喧嘩しているけれども喧嘩していないという世界が開けます。それが真です。風が吹いてるときには波が立ち、しばらくして風がやむと波も立たなくなる。ですから、この世はただその法がはたらいているだけの世界ということになります。それで「娑婆即寂光土」といわれるのです。「五濁悪世」がそのまま寂光土である。

しかし、これはまあ一応頭で受け取る機法合体というものです。頭で受け取ったものは、いくら受け取っても心が落ちつかない。どうしても私たちは、腹が立たんことになりゃいいと思ってしまう。そして、その思いに反して腹が立ってくるから、やっぱり念仏が要るようになる。子供が「お母さん」と呼びますが、もう私の力ではどうにもならんということを知った姿が「お母さん」と呼ぶ姿です。力のある間は「お母さん」と呼ばない。

それと同じで、お念仏が出たということは、自分に力がないということです。法の仕事でなさしめられているということで、摂取不捨の利益に遇っているわけなのです。そうすると腹立ちを止めるのではなくて、いくら念仏しても間に合わないというところが真だから、貪愛瞋憎というのは法から出ているわけです。毎日それだから「常に」と書いてある。親鸞聖人は常に出どおしだと書いておられる。しかし、いくら出ても、それがそのまま「なんまんだぶつ」ということなのです。法の前には私たちは無力です。

無礙とはそういうことです。有礙は取ろうとしてるから有礙なのです。しかし取ろうとすることも、無礙の中の出来事なのです。取ろうとすることも如来さまの仕事なら、取れぬということも真です。ですから両方が立つわけ。取ろうとすることも真、取れぬということも真。

無対光

「無礙光」の次は「無対光」です。無対というのは、対立がないということ。私たちの毎日は対立の生活です。学校においても教師と生徒の対立がある。その対立がないと書いてある。対立があるのに対立でないということなのでしょう。

健康な人と病人とは対立がある。男と女も対立がある。しかしそれが仏さまの光を稟けると、対立がないとおっしゃるのです。どうしてかというと、私の立場というものがなくなるからです。それぞれの立場が消えるから、もうお互いを比較できないことになる。頭がいいとか悪いとかいうようなことも、言ってみれば仏さまから貰ってきたものですから動かしようがない。ですから、その対立は、「なんまんだぶつ」からいうと無対立ということになる。明治時代の人と大正時代の人、昭和時代の人は対立しているけれども、明治の人は明治のことしか言えないし、昭和の人は昭和のことしか言えんから、昭和と明治とは喧嘩するけれども対立がない。喧嘩しなければおかしいけれども、喧嘩しながら対立がない。

対立がないということは、一面からいえば向こうの心も見られるということです。向こうの立場を見て、「相手にもやっぱりわけがあるな」と、相手が認められる。これが「自利利他」になるわけです。対立があって対立がない世界が、お慈悲でしょう。そういうのを「無対光」と言ってある。そして、そういうことを南無阿弥陀仏でおさめてあるのです。嫁と姑とは対立しますが、そのままで「無対光」。対立しないようになった時は、ボケた時だね。毎日の生活の上では対立しかない。ですから対立が仏わざなのです。木と竹とは違いますから、それを接ごうとしても合うはずがない。それがどうもならんというのではない。木と竹でなんとかなるのです。

大阪に安岡さんという人がおられます。ペイント会社の専務をしておられました。ところが会社が赤字が積もって、社員の月給も思うように払えないような状態になっ

た。それで社長に代わって安岡さんが社長になったわけです。そのころいつも私のところへ安岡さんから、

「まあ、本当にどうもなりません」

という電話がきた。私は、

「まあなんとかなるわ」

と言う。電話のたびに私は、「なんとかなるわ、なんとかなるわ」と言うのです。そうしておりましたら、しばらくして安岡さんが、

「今まではどうもならんというところにいました。いつもどうもならん、どうもならんと思うていたのですが、あるとき先生の声が聞こえてきたのです」

と言われる。

私はいつでも「なんとかなるわ」と言うが、なんとかなるというのは、会社がうまくいくようになるというのでないんです。「なんとかなるわ」というのは、倒産するときは倒産する。死ぬときは死ぬ。死んだら死んだで、またなんとかなる。葬式せんでも、またなんとかなる。ウジがわいて大地に帰る。「なんとかなるわ」というと、なんとかうまくなるわと、すぐ考えたくなりますわね。でも、そうではないのです。なんとかなるというのは、仏さまの法に対して相撲がとれないということなのです。

安岡さんは、それから誰に対しても「なんとかなるわい」と言われるようになったそうです。それで、組合ともおもしろくいくようになった。前の社長の時にもあったが、共産党の人が来て組合を指導しようとしたのです。もうびくびくしてね、あんな人たちが入ったら大変なことになると思っていた。今度は安岡さんは、おなかの中で「なんとかなるわい」と思っていたそうです。それで「まあ、なんとかなりますよ」と言っていたら組合長と仲がよくなって、「まあ私に任せといてください」と言われた。その後、共産党の人は帰って行った。

それから、前の社長から「わしに退職金いくらくれる」と言われた。そのときにも、「まあなんとかなりますよ。今は赤字で一銭もあげられんけれど、黒字になりゃあげますよ、なんとかなりますよ」と言った。そしたら「ああ弱ったよ、安岡君には」ということで終わった。あげないつもりはないもの。働いている人に月給もあげられん状態では、社長の退職金も今はあげられん。まあまあ黒字になればあげます。なんとかなるわいと、そんなふうなことだったそうです。

なんでもない言葉のようですけれども、「なんとかなるわい」ということが、いつも心の中に浮かんでくるのだそうです。かつては、どもならん、どもならん、どうしよう、こうしようと苦しんでおった。けれども、もうどうもならんというところに、

「なんまんだぶつ」が入ると、どうもならんのはどうもならんのだけれども、そこに「なんまんだぶつ」と任せるということが入ってきて、なんとかなるという世界が出てくるのです。「なんまんだぶつ」ということは、「なんとかなるわ」ということ。法は狂いのない仕事ですから、なんとかなるのです。皆さんも、いろいろどうもならんことがあると思いますが、「なんとかなるわい」ということを会得しますと、またなんとかなるんです。それが「なんまんだぶつ」の内容です。

なんとかなるといっても、うまい具合に会社が好転するということじゃないんですよ。もう手がないから、

生きるものは生かしめ給う　死ぬ者は死なしめ給う
われに手のなし　南無阿弥陀仏

ということが、「なんとかなる」という世界です。しかし毎日やっぱり苦悩していますから、そこで仏の声が響いてくださらなければならんわけです。そんなことが「無対光」ということじゃないんでしょうか。またあなたもなんとかなりますよ。むかかしていても、なんとかなる。生徒と先生の関係でも、嫁と姑との関係でも同じです。夫婦の間でも、やっぱり同じです。やっぱりお慈悲でそういうところがなんとかなるのです。如来のおぼしめしのまま。そういうことが「なんまんだぶつ」です。

次が「光炎王」です。これは炎王仏、炎王光、光炎王光と、こんなふうにもいうんですが、炎王は炎の王、光炎王は光の炎の王さまです。炎は消えたりついたりするけれども、阿弥陀さまの炎は炎の王さまですから、暗闇を全部燃やし尽くして光明界にしてくださる。三世十方を無量寿の光に包んでくださるお慈悲であると、こんなふうな説明がしてあります。

清浄・歓喜・智慧光

それから「清浄歓喜智慧光」。これは何かといいますと、貪瞋痴というのがありますね。いわゆる三毒の煩悩です。私たちはこれで苦しめられているわけです。その貪瞋痴がね、如来さまの光に遇うと、清浄光、歓喜光、智慧光という光に照らされるわけです。

煩悩の代表が貪でしょう。まずわが身を貪る。それから、生きるためにいろんなものを貪る。貪ることが成就しなければ腹を立てる。瞋ですね。腹立てるにしても、その場で腹を立てられなければ心の中に愚痴を言う。貪瞋痴、これは遠い話ではなくて、私たちは念々貪瞋痴の中で生活しているわけです。私、昨日少しお腹が痛かった。だからご飯を遠慮していたら、今日はよくなったので喜んどるのですがね、早くよくなりゃいいというのは、やっぱり貪り心だね。「明日はご飯食べますが、今夜はいっぺんお腹を空にするためにやめておきます」と言うていたんだが、こういうのもやっぱり貪の中には入るわけですね。

隣が家を新築すると、何だかうちも新しくせなならんとか、いろいろ貪る心で苦しんでおりますわね。家の中では、嫁さんはなんとか自分の願いをかなえたい、自分の環境を満足させたいと思って苦しんでいる。子供ができるまでは、おばあさんのほうが力があったけれども、子供ができるとだんだん嫁さんのほうに力が出てきます。そうするとおばあさんは抑えられるから、そこに腹立ちが出る。夜も眠れんほどに腹が立つ。それをその場で出さずに、自分で抑えているから愚痴が出るわけですね。だから貪瞋痴というのは遠い話じゃない、私のこの心の中に念々こうやって動いてるわけです。

しかしその貪瞋痴が、清浄のものであるとして照らされる。また歓喜となり智慧光となるわけです。ちょっとわかりにくいですがねえ。どうしてこの貪瞋痴が清浄なのでしょう。まあ、言ってみれば邪魔なものでしょう、貪瞋痴なんていうものは。だから貪り心を取り、腹立ちを取り、愚痴を取り去って生活していこうとするのだけども、年を取れば取るほどいよいよ貪瞋痴が出てくる。そこにお念仏に遇いますと、貪瞋痴が清浄であり歓喜であり智慧であると、こう仏さまはおっしゃる。それで私もその光を稟けるわけですね。

仏さまは、なぜ貪るということを清浄だとおっしゃるのでしょうかねえ。貪瞋痴は汚い、醜悪なものだと私たちは思うとるけれども、仏さまの光に遇うと、それが清浄なんだと仏さまはおっしゃる。自分が貪ったにしても、人が貪っているのを見たにしても、それを清浄なものであるとおっしゃるのです。

これはね、仏さまのなさることに抵抗できないそのぎりぎりのところで「なんまんだぶつ」と言うところにね、全部が仏さまのお命から出ているということになる。そうなると、これが清浄になるのです。仏わざになるのですね。

そういうことをいっぺん聞いておくとね、軽うなりますぞ。それを知らんと、貪りを取り去ろう取り去ろうと思ったり、人があんまり欲なことをしてると、あんな欲なことをしてと思う。けれど貪りが清浄であるということに抱かれますと、そういうふうに思ったりすることも、また清浄の中におさまるのです。

それから、貪るということも、腹がへっていると、どんな人でもやっぱり食べますね。でも腹一杯のときには、それほど食べません。ですから、その人その人によってそれぞれ違いがある。貪るという言葉から受ける感じでは、私たちは何でもどれだけでも貪れるような気がするけれども、そうではない。やっぱり与わっただけ食べられるのでね、ともかく私が貪っているのではなくて、法に貪らしめられているわけです。

その貪りの出所が、絶対不変の法の命から出ているというもとが決まると、貪るという、そのことを取り除いていくのではなくて、そのことが仏さまの国を成就していると知れるわけです。

人が死にたくないとばたばたすることも、これは生きたいということの裏の声でしょう。だから、ばたばたして苦しんで死ぬということが、今まではきたなく見えたけれども、やっぱりそれが何かこう本当だと、そういうようにものが清浄に見える。そういう安らぎをくださるのではないでしょうか。

そうすると、今まで嫌っていた貪瞋痴が、そんなことに引っ掛からなくてもよかったんだなあと、安らぎが与わってくるわけです。そこに歓喜ということが出てくる。私は昔から腹立ちということが本当に気になっておりましたけれど、今はこだわらんでよいことになったですねえ。腹は立ちますよ、いらいらもしますけれど、それが如来さまからそうせしめられていることだとなると、こだわらなくていい。腹が立ったとき、いちいちそんなふうに思い返すのではありません。いっぺんもとが決まるとね、腹立ちということの根を切ってもらうのです。自分の力で腹を立てるのではない。海の波が、風の吹かないときには静かだけれども、風が吹くと波が立つようなものです。なんとか腹が立たんようにしようと、いろいろ思っていたけれども、仏さまに摂取されるところに、もう一つ言えば、こちらに逃げる手がないところに、「なんまんだぶつ」という橋渡しで、この世界は大法の世界であるということに帰命せしめられれば、腹立つということは如来の仕事なんですよ。

仲よくすることには苦悩しません、腹立ちということが苦悩なんです。欲しいけれども当たらんということが苦悩ですね。そこにまた愚痴が出る。若い人から、「いくらお寺に参っても、ばあちゃんは愚痴ばかり言うて」と言われるように、無意識のうちに愚痴を言うてるんですねえ。そういうことが、また如来さまのお仕事なんです。

智慧の念仏をうる

「智慧光」の智慧というのは、「善悪から言えば悪であっても、それが真実じゃないか」という、そういう智慧なのです。如来の智慧とは真実ということ。真実というのは永遠不変であって、いくらそれが悪であろうと、そのことが真実のことだと、こういうお声が「智慧光」です。「智慧の念仏うる人は」というのは、そういうことなのですね。腹が立たんようになるんじゃない、立つけれど、それが真実から出てくるというわけです。

他人さまが腹を立てているのはうるさいものですわな。うるさいけれども、やっぱり腹立てるにはそういうご因縁という、そうならなくてはならんわけがある。風が吹くと波が立つ。二風が吹けば二だけ波が立つ、十風が吹けば十波が立つ。これが不変なんです。真実です。どの人にもそれは平等なんですね。差別即平等です。少し腹立てた人も、うんと腹立てた人も、その差別が即平等なのですねえ。こういう智慧をもらうわけです。

こんなふうに貪瞋痴が「清浄歓喜智慧光」というところでおさめてあるのです。一番いやな貪瞋痴が、如来さまのお光に遇うと清浄と知れる。それは如来さまから顕れた如来さまのお仕事である。またそれが仏さまの国を荘厳している。そういうところに、こちらが貪瞋痴を持ったまま安らぎをいただく。しかも、それはただ安心するのでない、真実にかなった智慧の世界であるといただくのです。こういうことで「清浄光」「歓喜光」「智慧光」と言ってあるのです。

しかし、どういうところに、仏さまのお光が私を照らしてくださっているのでしょうか。相手が怒っているのを、怒るのも無理はないわと認めるだけじゃない、それに応じてこちらが腹立てることをも、仏さまは認めていてくださる。「こちら立てれば向こうが立たん。向こう立てればこちらが立たん」とよくいうけれども、南無阿弥陀仏の世界はどっちも立つのです。向こうが怒るとこちらも負けずに怒るのが私たちなんですが、仏さまからいうとね、向こうが怒るのも無理はないし、お前さんが怒るのも無理はないと、両方とも認めてくださる。そういう力は、やっぱりお念仏しかないんじゃないですか。

相撲では勝ったら白星、負けたら黒星でしょう。しかし如来さまからいうと、負けたら負けたで黒星が仏さまの仕事だし、勝ったら勝ったで白星がやっぱり仏さまのお仕事なんであって、そのことは永遠に変わらんのです。家の中でも勢力争いをしますね。夫婦の間でも、嫁姑の間でも相撲をとっています。皆さんはどうですか、家の中で勝ってるほうが多いですか、負けてるほうが多いですか。負けてるほうが多いと腹が立つ。腹が立つ間はまだ結構ですけれども、その腹立ちを外に出すと、またあとが面倒だからというので、こちらにおさめているのを痴というのです。愚痴ですね。しかし如来さまはね、力の弱い者はおさめているのが一番だから、それがお前の場所だと、こういうふうにおっしゃるのです。それであんまり隠しすぎて、しまいにはノイローゼになるのが、また真だとおっしゃる。

阿弥陀さまというのは、どんなところでも「極重悪人唯称仏」です。どんな極重悪人でも「なんまんだぶつ」の中に摂め取って、お捨てにならんわけです。

孫悟空の話がありますね。天上界でありとあらゆる悪いことをしてきた。それでお釈迦さまのところへ行って、「これだけ悪いやつは仏さまも救わんやろう」というたら、お釈迦さまは悟空を掌の上にのせて、「お前のやっていることは、掌の上で蟻が行ったり来たりしているようなもんだ」と言われた。それで、とうとう孫悟空は参ったわけです。そういうお話がありますが、私たちは常に自分中心に右往左往しているけれども、それは仏さまの懐の中で右往左往しとるわけですね。そういうことを、私たちはお慈悲をいただくというわけです。そういうことが知らされると、何か愚痴が出てきても、それを外に出すまでに、仏さまの方から先に抱いてくださることもあるかもしれんとも思います。まあ、愚痴を言わなならんようになっておれば、言うかもしれんけれども、ともかく摂取不捨という、お釈迦さまに抱かれる世界があるわけですねえ。それを「清浄歓喜智慧光」とおっしゃるのです。

ながく生死をへだてる

芦屋に私の知り合いの方がおられました。九十五歳になられるが、芦屋に別荘があって、そこにおいでる人です。その方は、ご両親が仏法に遇われた人だったから、ご縁があって、いつも鈴木先生のところに行っておられました。そして、家には仏書が山ほどありました。

私は毎年五月二日にその方のところへ行っていましたから、今年もお伺いしようと言うたら、

「私も寝たきりで足も立ちませんし、生きとるのか死んでるのか、夢うつつのようなこの頃の状態ですから、先生に来てもらっても…」

ということでした。それで、一日の日に芦屋の別の方のお宅へ行って、二日の日にもう一件別の家へ行った後に、急にその方のお家へ寄ってお話ししてきたんです。

実は、それよりしばらく前に、私はその方から手紙をもらっていました。それはどんな手紙かというと、「金剛堅固の信心の、さだまるときをまちえてぞ、弥陀の心光摂護して、ながく生死をへだてける」というご和讃があるが、私にはその金剛堅固の信心のさだまったというような意識がない」、九十五歳になるけれども、そういう意識がないというんですね。「しかし、『念仏もうさんとおもいたつこころのおこるとき、すなわち摂取不捨の利益にあずけしめたまうなり』というお言葉があるから、今私は頭でものの判断ができないようになっとるけれども、ともかくお念仏が出てくださる」、まあほっとして安らぐというんです。「いろんな妄念妄想があるけれども、南無

阿弥陀仏というところに私の心が安らかにさせてもらっている、ほっとさせてもらっている」と、こういうふうな手紙が来ました。

それで私はその返事に、「金剛堅固の信心が定まっているから、いつでも最後には、なんまんだぶつのところに呼ばれるのではないですか。私の親はなんまんだぶつ。なんまんだぶつから私が出ておる。その親が信じられとるから、いろいろ困れば困るほど南無阿弥陀仏と、この親がお念仏で抱きにきてくださっておるのでね、それが金剛堅固の信心の定まっておる証拠ではないですか」と書きました。

「私は金剛堅固の信心が定まらん」などと、そんなことを思っている時ではないです。子供は何かにつけて「お母さん、お母さん」と言いますね。兵隊さんでも、いつもは忘れているけれども、弾が当たって、もうだめだというところで「お母さん」と言います。私を生んだ親がお母さんであるという金剛堅固の信心が定まっているから、「お母さん」と言うところに、母親の懐に抱かれるのです。そのようなもので、「なんまんだぶつ」と私が称えているのだけれども、いつでもそこに親がいなければ称えることはできないのです。称えているということは、親が先においでになるからなのです。

大法の世界から阿弥陀仏が姿をとって、「なんまんだぶつ」というところに、いつでもこの法の世界から出ているのだというところに、その裏には、自分の力が抜き差しならんという。それを説明すると機の深信ですが、こちらに助かる縁があろうはずがないのであって、助かる縁が何にもないところに「なんまんだぶつ」という。それはもう向こうさまのお仕事なんですと、まあそんな返事を書いたのです。

そうしたら、次の手紙で「ありがとうございます」と言うてこられました。そして、私がお見舞いに行ったときには、枕元に私の手紙一通だけが置いてありました。そして、

「この間はありがとう。まあ私が死んでも葬式には来なさらんでもいい。どこででも、そこでお念仏のお話をしてあげてください」

と言われて、握手をして別れてきました。

さきのご和讃の「ながく生死をへだてける」というのは、いつ死んでもいいという意味ではありません。「なんまんだぶつ」というところに、私の生とか私の死とかいうことに触れると手が離れた。生死を離れているということです。また、善悪浄穢も「なんまんだぶつ」というところに、それがありながら離れるのではないかというのです。貪瞋痴も「なんまんだぶつ」というところに、これがありながら離れる。そういう安らぎがあるのではないでしょうか。

目連尊者の母親

目連尊者が、亡くなったお母さんがどこにおられるかを、その天眼をもって捜しておられたら、なんとお母さんは餓鬼道に堕ちていらっしゃった。餓鬼道というのは、貪りの世界です。驚いた目連さまはお釈迦さまに、「どうしたら餓鬼道にいる母を救い上げられるでしょうか、どうしたら母はお浄土に行けるでしょうか」と尋ねました。そのときお釈迦さまは、「布施をせよ」とおっしゃったのです。それで目連尊者は、有り金を全部布施した。けれども、お母さんはやっぱり餓鬼道から抜け出せずにおられる。それで目連尊者は、お釈迦さまに、こう言われたんです。

「あるものをみんな出したけれども、お母さんはまだ餓鬼道におられる。布施が足りないのでしょうか。どうぞお教えください」

すると、お釈迦さまは言われました。

「お前の今まで布施したものは、みんなあまりものだけで、本当の本物をまだ布施していない」

と。目連尊者はわからなかったのでしょうね。本物をまだ布施していない。

本物とは何でしょうか。それは、自分の命ということですねえ。「まだお前の命を布施していない」と、そうおっしゃったわけです。「自分の持ってるものだけ布施しとるけれども、お前の命というものを布施しとらん」というのです。お母さんは助けたいし、死にとうはないしということで、目連尊者は困ってしまいました。目連尊者も、自分の命を投げ出すところまではできんのや。

そしたら、お釈迦さまは教えられました。

「身を殺さなくてもいい布施の道を教えてやろう。それにはお念仏しかない。ただ念仏しなさい」

目連さまは、お母さんは助けたいけれども、自分の身を殺すわけにもいかない。そのどうにもならんところに、ただ、南無阿弥陀仏、南無阿弥陀仏とお念仏なさる間に、そのお念仏が橋渡しして摂取不捨に遇わせてもらった。そして、私というものは私の力で生きているのでないということがわかられたわけです。念仏とはそういう功徳ですよ。

摂取不捨の利益

今まで私の力で生きておって、自由にしようと思って苦しんでいたけれども、お念仏するようになって摂取不捨に遇われた。そう書いてあるわなあ、「念仏もうさんとおもいたつこころのおこるとき、すなわち摂取不捨の利益に」遇うと。

摂取不捨に遇うということは、いつも言いますように、汽車に乗りますと、「自力無効で」などと言わんでも、汽車に乗った人は自力無効になっとるわね。汽車の中では力はないわな、ねえ。親に抱かれると、南無阿弥陀仏に抱かれると、もう私の力はない。そんなら何の力で生きているかというと、汽車の力で運ばれているわけです。

お念仏ということは、法の命から阿弥陀仏が抱きに来てくださるのです。

十方微塵世界の　念仏の衆生をみそなわし
摂取してすてざれば　阿弥陀となづけたてまつる

その阿弥陀さまが、法の世界から親となって抱きにきてくださる。念仏している間に、この私は法身であり法の命であって私が存在しているのではない、全宇宙を動かしている法の命から出ていたのだったという、いわゆる私が死ぬわけです。生きながら死人にしてもらうのがお念仏です。そういうはたらきなのです。

目連尊者はお釈迦さまの教えを受けて一生懸命念仏された。自分を捨てようとして念仏するのではない、念仏してる間に、「私の力は何にもなかった。みな、この大きなお力によってあらしめられていたのだ」と、こういうことを知らせてもらったのです。

「死んだら仏」というが、なにも体が死ぬのでないです。法の命であったと知るのです。こういうことは理屈でもわかるけれど、理屈でわかったら、わかったという私が残っている。そういう、わかるわからんではないんです。南無阿弥陀仏というところに、生も死も如来さまのものであると、生死を離れるわけだ。それが「生死をへだてける」ということの意味なんです。

目連尊者はそういうことになった後で、再び餓鬼道をごらんになった。餓鬼道というのは相撲の土俵のようなもので、その土俵の上で、娑婆で欲張っていたお母さんが、死んでまで「金ほしや、金ほしや」と、金を捜していらっしゃる。目連尊者は、死んでまで金を捜すような貪り心を出したお母さんの姿を見て悩んだわけです。しかしですね、これまでは自分が善人づらをして、自分はそういうものでないと思っていたけれども、今、自分の力はゼロだとわかったらね、餓鬼道で金を捜しているお母さんが、観音さまに見えたというんです。死んでまで金を捜しておられる、あの母性愛がね、現在の私の命を支えてくださっているのだと、こういうことが見えてきた。そうなるとね、貪りが清浄になるでしょう。

そうですよ。死んでまで金を捜しておられるのは、お母さん自身のためじゃない、子供や孫のためだ。その貪りの絶頂の姿こそ、如来さまが子や孫を育てるためにくださったところの、如来さまのお仕事だった。こういうふうに見えてきた時、餓鬼道がすなわち浄土と変わったわけです。お念仏はこういう見方を教えてくださるわけです。

そうすると、貪るということが清浄なんですよ。皆さんが身を生かすために今日までやってきたこと、また人さまがしておられること、あるいは女の人が子供や孫を生かすためにしてきたこと、みな仏さまがくださった貪りだったというところに、それが清浄になるわけですね。

「なんまんだぶつ」の慈悲

腹立ちでも、風が吹けば波が立つというようなことが、これが真実なのです。皆さんでもやっぱり、江戸の敵を長崎で討つというような、そういうものをちゃんと持っとるのです。悪口言われたら、どこかでし返ししてやるぞというようなものをちゃんと持っている。それが生きる力になっとるわけですね。こういう世界がお念仏の中には用意されているわけです。だから、皆さんのやってることを、阿弥陀さまはみな認めていらっしゃるんです。一つも否定なさらんのですよ。

猫は、黙ってコタツの上におっても、魚の臭いがすると、ちゃんと奥さんのすきをねらっているわけです。隣の奥さんと話しているすきに、魚をくわえて持って行く。奥さんも、その魚を取られるとお昼のおかずがなくなるから、腹を立てて猫をすみっこに追い回して、つかまえて棒きれで叩く。雄猫は、一度叩かれたら魚を置いたんやと。それでも雌猫は、頭から血の出るほど叩かれても、魚を放さんのやと。そして、仏さまはそれを応援しておられるのです。「放したらいかんぞ、放したらいかんぞ」と、阿弥陀さまが応援しておられる。なぜ放したらいかんかといえば、縁の下にいる三匹の子猫の命がつながれんからです。だから、頭から血が出ても、それを持って縁の下の子猫のところに運んで行けと、如来さまが後ろから応援しておられるのですね。だからこれはねえ、女の人の宝なんですよ。

「舌きり雀」の話でもそうやろう。おばあさんは、自分が舌を切った雀のところへ、つづらを貰いに行くんです。おじいさんの方は、糊をなめたくらいで舌切るなんてかわいそうだというけども、おばあさんはそうじゃない。大切な糊をなめたというんで、腹立てて雀の舌を切った。それまではまだいいとしても、おじいさんが雀から貰ったつづらを見たら、自分もまた欲しくなって、舌を切った雀のところにご機嫌とりにいくんだから、大したもんやなあ。そして、「この間は痛かったやろう」と言う。腹の底では「痛かったやろう」なんて思ってないんですよ。つづらを貰おうと思って行っとるんです。雀はちゃんとお見通しです。「おばあさん、つづらが欲しいのやろう」と言われて、案内されて行ってみたら、たくさんつづらがある。「どれ貰おう、どうせ貰うのなら、大きいのを貰おう」と言うて、持って帰って開いてみたら、中には石や瓦が入っていたと。

あれもありがたいことです。石や瓦でも、またぼろ布でもね、それがまた子や孫のために間に合うと思うと、重くてたまらんでも貰うてくる。それが女の真というものです。おもしろいでしょう。こうやって仏法に照らされると、おとぎ話もありがたい。老人会の旅行に行きましてもね、男は酒飲んだり、碁を打ったり、麻雀したりしているが、女の人は買い物ですね。土産物を売っているところに立って、安くて孫の喜ぶものはどれやろうと、一時間くらい見ている。そういう姿も、微笑ましい光景ではないですか。そういう世界がいただけるところに、歓喜というか、安らぎがあるのではないでしょうか。お念仏は、私たちにそういう世界を与えてくださるのでしょう。

「死にとうない」というその心が、仏さまの真だと、そのまま認めてくださるのが阿弥陀さまです。あなたたちのすることなすこと、みんな阿弥陀さまは認めてくださっている。一つも否定されない。私たちは何も言い訳しなくても、阿弥陀さまは「なんまんだぶつ」というところに見通していらっしゃる。なぜなら、この私は阿弥陀さまから出た子供だからです。十悪五悪の罪を犯しても、他の諸仏に捨てられても、私だけは親だから「ご苦労であった」と抱きとるというのが阿弥陀さまです。

ドクダミの花は臭いけれども、その臭さが如来さまの臭さで、みんなから嫌われることも、阿弥陀仏だけは認めてくださる。人生にはいろいろ苦難があるけれども、阿弥陀仏だけは、みんなに非難されたそういう人を抱いてくださる。「なんまんだぶつ」というのは、死んだらいいところに行かせてほしいとか、ちょっと幸せにしてくれとか、そういう要求ではないですよ。もうそのままね、困れば困るほど、認めてくださる。そういうのが「なんまんだぶつ」の慈悲でしょう。

国木田独歩という人がいましたが、この人はキリスト教の信者だったらしいんですね。それで、肺結核じゃなかったかと思うんですが、最期のときに牧師が来て、懺悔しなさい、お祈りしなさいと言われたら、「懺悔ももうできません、お祈りもできません。このままで救ってくださる神か仏はないのですか」と言ったそうです。そこに真宗の坊さんが来たのかどうかは知りませんけれども、「南無阿弥陀仏には祈りもいらない、懺悔もいらない、十悪五悪の者をそのまんま抱いてくださる親が南無阿弥陀仏や」ということを言われて、南無阿弥陀仏で死んでいかれたということです。

そういう臨終つき詰めたところに、そのまんまや、どんな姿であろうと、何であろうと、阿弥陀仏はその大法が慈悲となってきてくださった阿弥陀仏だから、「祈る必要もない、懺悔もいらない、そのまんまを私は救う」というのが、阿弥陀仏の本願ではないでしょうか。私たちの毎日の生活の上でも、その阿弥陀仏の招喚が、阿弥陀仏の摂取が、いつでもはたらいていてくださるのです。そこに条件はないんですね。困れば困るほど、「なんまんだぶつ」です。それで無礙の一道なのです。

人間の思案で始末のつかんところに、お念仏が口を割って、やっぱり救済にいらっしゃるのです。そういう世界が「なんまんだぶつ」の世界でしょう。

行きつまり　また行きつまり行きつまり
弥陀のふところ　あたたかきかな

阿弥陀さまの方から抱きにいらっしゃるのです。まあ「あたたかきかな」というと、何か間違えられそうなので、この頃は「弥陀のふところただ一つなり」と言い直したりしてますがねえ。

ですから、私はお話をするときには、最後は「なんまんだぶつ」ですよと言っています。わかってもわからんでも。私はそう申し上げるんです。私自身がもう「なんまんだぶつ」ですからね。いろんな事件があっても、私を苦しめても、やっぱり「なんまんだぶつ」というところに、ちゃんと摂取不捨の世界があるのですねえ。そういうところに「清浄歓喜智慧光」と言われているのです。

不断・難思・無称光

次の「不断光」というのは、断つことがない光と書いてあります。不断光というのは、私たちは何か困ると「なんまんだぶつ、なんまんだぶつ」と言うけれども、調子がいいと念仏を忘れて、なかなか続かない。だけど阿弥陀さまの方はちゃんと護りづくめで、私たちが困っていると、ちゃんと口を割って出なさる。阿弥陀さまの方が不断なのです。親はいつでも抱いていてくださるわけです。親がいつでも「なんまんだぶつ」と現れて、私を摂取してくださる。それで「不断光」というのですね。

その次は「難思光」ですね。難思というのは、我々の頭で考えが及ばないということです。我々は了解して助かろう、納得して助かろうと、いろいろしていたけれども、お念仏に遇いますと、考えてわかるなどという必要のない世界なんですね。「難思光」というのは、そういう光です。

聞いてもわからんとか、話はわかるけれども胸がおさまらんとか言うけれども、本当に抱かれてみれば、もう考える必要のないほど広大な世界が「なんまんだぶつ」です。私の歌ですが、

山も川も鳥もけものも法の邦　一如に見えて心ほのぼの

如来さまの世界は、もう一切が考える必要ないほどの広大な世界です。昔は、わかろ

うわかろうということで努力していたけれども、摂取に遇ってみれば、何もわかる用事のないほど広大なものなのです。「難思光」というのは「南無不可思議光如来」というような意味でしょう。

それから「無称光」というのは、称えることがない光。口では言い尽くせないという意味もあるでしょうね。初めはこちらが称えなくてはならないと勧めたけれども、阿弥陀仏と親子関係になってみると、もう称える必要のない世界です。そうかというて必要があると親が出ますから「信には称名を具す」という。親がわかると、こちらは知らなくても、やっぱり「なんまんだぶつ」とお出ましになるのですよ。

こんな人がありました。

「困ったときにお念仏が出なさるけれども、このごろ楽になったらお念仏が出んようになってね。本当に横着なものです」

と言われるので、私は、

「おばあちゃん、自分でお念仏を出しとるつもりやから、出んようになったのは横着と思うけれども、困ったら親が出なさるのでなあ、困らんときにまで親を使えば、親が疲れるから、出んことを喜びなさい」

と言ったのです。親も休息させておかんと疲れるからね。

しかし、それは親に遇うた上の話ですよ。遇うたら、なるべく親を使わんほうがいい。それを横着なことと、普通は思うんですねえ。「このごろ、お念仏が相続できません」と言う。あれは自分が称えていると思うから「横着な」と言うけれども、みんな向こうさまからのご廻向のものですね。「無称光」というのは、そんな意味でしょう。私たちが口や言葉で言い表すことのできないような広大な世界でしょうね。

最後に「超日月光」です。お日さまやお月さまの光は私の体を照らすけれども、心のすみずみまでは照らしてくださいません。南無阿弥陀仏は、心のすみずみばかりじゃない、三世十方すべてを照らして法界にしてくださる。法の国にしてくださる。聞いた者だけじゃない、こちらが聞いたとすれば、世界中がみな法の国に見させていただく。それほどに日月を超えた光なのですね。

無量なる仏の世界

阿弥陀仏の命に帰る

さて、次に移る前にすこしお話を補足しておきます。

阿弥陀仏というのは、アミターという古いインドの言葉の音写で、無量なる仏ということです。私たちの命は、いや私たちだけでなくこの全宇宙の万物の命は、みな私の力から出ているのではない、万物を動かしてくださって狂いのないお命があって、そこから出てそこへ帰っていくわけです。ところが、そのお命が私たちにわからないので、これを知らせてやろうと、そのお命の中から阿弥陀さまがあらわれて、子供が自分を生んだ親を「お母さん」と呼ぶように、南無阿弥陀仏と呼んでくれよと喚びかけてくださる。そして私たちが「なんまんだぶつ」と呼んでいる間に、最後には、私の力で生きているのでなかった、全宇宙を動かす大きな力、親であるところの阿弥陀仏の命から生まれて、現在も阿弥陀仏の命の中にいる、命が終わっても、阿弥陀仏の世界に帰らせてもらうのだと知らしめられる。そういう教えが浄土真宗の教えなんですね。

子供が「お母さん」と言うのは、生んだ親を呼ばせてもらうところに心が安らぐからです。そのように、私たちも「なんまんだぶつ」と呼ばせてもらうところに、私は壊れる五十年の命でなかった、壊れぬ親の命から出ていたと知らせてもらうのです。

なぜ「なんまんだぶつ」と呼ばなきゃならんのだろうかと思うていたけれど、やっぱり子供がお母さんを呼ぶところに親と連絡がつくわけですね。私たちも「なんまんだぶつ」と呼んでいる間に、この世の親は壊れる親だけれども、もう一つ壊れん親から出てきていた親を「なんまんだぶつ」と呼ぶわけです。ですから簡単なことですわねえ。「なんまんだぶつ」ということはね、この世の親も「なんまんだぶつ」の中に入っているけれども、もう一つその下に、一番下のところに阿弥陀さまがおいでになって、みんなわが命から出ているぞと、こう教えてくださるわけです。

またそれがわかると、今度はこの全宇宙みな阿弥陀さまのお命のあらわれであると知れる。花を見ても、カーネーションという花が咲いているのでない、仏さまのお命が間違いないから、赤いカーネーションは赤くなっているし、桃色は桃色になっているのでしょう。ツツジが咲いても、時を違わずに、ツツジが赤は赤、白は白に咲いている。電気でいうと、発電所から電流が出て、ある時は光になり、ある時は熱になるように、すべてのものが阿弥陀仏の命から出ている。困ったときには「なんまんだぶつ」と呼ぶと、心が安心するのですね。そういうのが「なんまんだぶつ」のお姿なのです。

この間、年の暮れでしたが、金沢の駅で三歳くらいの子供が迷子になっていた。「お母さん、お母さん」と捜していました。お母さんが切符を買っている間に、観光客がぞろぞろ出てきたので、それについて前の方に行ってしまったんですね。それで子供は一人残されて、気がついたらお母さんがいないものですから、うろたえて「お母さん、お母さん」と呼んでいたわけです。母親も子供がいないので探していたけれども、「お母ちゃん」と呼ぶ声を聞きつけて、お母さんは子供のところへ飛んで行った。そして親子対面ができたわけです。もしこの子供に「お母さん」と呼ぶ言葉がなかったなら、駅の前にお母さんがいても、どこかへ迷い込んでしまって、親子であっても永遠にめぐり逢えなかったかもしれませんね。やっぱりお母さんという名前で、お母さんがわかるわけです。

私たちが生まれてきたのは、全宇宙を動かすところの、壊れないお命から出てきているのだけれども、それがわからずに、毎日生まれて、そして死んでいく。その命が長いとか短いとか、そうやって苦悩しているけれども、「なんまんだぶつ、なんまんだぶつ」と生んだ親の名を呼ぶところに、親と面会する橋渡しをしてくださる。それがお念仏だと心得られたらいいわけです。

そういう万物を動かして間違いない親を阿弥陀仏とおっしゃる。それで、困ったら「なんまんだぶつ」、困ったら「なんまんだぶつ」と、親の名を呼んでいる間に、いつか、私の力はゼロであって、一切が阿弥陀仏の命から出ていたのだったと、こういうことに気がついて、楽になるのです。なんで私だけが幸せがないのだろうかと苦悩していたけれども、「なんまんだぶつ」というところに、「ははあ、如来さまの仰せでこういう身が与えられたのだな」と、こういうことになるわけです。阿弥陀仏というのは、光明無量寿命無量とか絶対無限とかいいますが、宇宙を動かしている大きな大法から、私たちのために姿をとってくださるのです。

親子でもそうですね。子供はお母さんのおなかから出てきた物質ではないかといえばそうだけれども、その親を苦しみの中から「お母さん」と呼ぶところに愛情が通じ合うのですね。私たちも毎日のいろんな苦悩の生活の中で、私もいつ死ぬかもしれんというようなことを思ったときに、「なんまんだぶつ」というと、「ああ、私は阿弥陀仏の命から生まれたのだった、阿弥陀仏の御用がすんだら、また阿弥陀仏のお国に帰らせてもらうのだ」と知らしめられるのです。

また、死んだ子はどうであるかというと、「ああ、阿弥陀仏の国からきて、御用がすんだから阿弥陀仏の国に帰って行ったのだ」と、こういうふうに思うと、心が楽になる。命が長いとか短いとかは、仏さまのほうで決めてあることだから、動かすことはできませんね。ちゃんと仏さまのほうで何でも決まっているのです。

親の命から出ている世界

私たちは、その仏さまのなさることが気にいらんものだから、なんとかこちらの思うようにならんかと思って、いろいろもがくけれども、いくらもがいても私の力は間に合わん。そこに親に遇うことになっているのです。子供でも、母親と手をつないでいるときには、「お母さん」と呼ばないけれども、離れると初めて「お母さん」と呼ぶ。そこに親に遇うご縁があるわけです。私たちが、いろんな過去を思い出して苦しみに責められたり、また未来が不安になったりしたときに、「なんまんだぶつ、なんまんだぶつ」と呼んでいると、それが連絡がついて私の出どころがわかってくる。私の力で来たのでない、お母さんのもう一つ前の、宇宙を動かしてくださる阿弥陀仏のお命から、人間として生まれてきているのだということが、だんだんとわかってくるわけです。

そうすると、私だけじゃない、他の人もみな阿弥陀さまの命から人間として姿をとっているのですから、その姿は同じですね。どの子供でも、生まれるときは「オギャー」と言うて生まれるでしょう。これは、不思議なことですねえ。猫でもそうです。猫もまた「なんまんだぶつ」から出ているわけです。壊れんお命から出ている。するとと、どの猫もニャーと鳴くが、あの猫の声が仏の声に聞こえるようになるのです。

水の泡ははかないものと思っていたけれども、親の世界がだんだん知らされると、あれははかないのではないですねえ。泡が三秒で消えるということが、壊れない無量寿のあらわれなのです。後ろにその壊れない無量寿の、壊れない命がはたらいているから、三秒で消えるのであって、後ろにはたらきがなければ、水の泡が一時間も消えなかったり、五時間も消えなかったりする。間違いなく三、四秒で消えるのは、後ろに壊れん命がはたらいていらっしゃるからです。松の木は松の木で、千年なら千年の命を持つ。松の木は一年で壊れんわなあ、十年でも壊れんです。これも後ろに阿弥陀さまの命がはたらいているからなんですね。

そんなふうに、みんなもとから決定されて出てきているのですよ。そういうもとの世界に遇うのは、やっぱり「なんまんだぶつ、なんまんだぶつ」と呼んでいる間に知らされてくるわけです。

念仏というものは、うれしい時よりも困った時に出ますねえ。あの「困った」ということがいいのです。困ったということは、親の仕事をまぜ返して苦しんでいるから困るのであって、そこに「なんまんだぶつ」と言うと、「お前、いくらまぜ返してもあかんぞ。みんな親の命から出ているのやぞ」と、こういうことが知らせてもらえるのです。最も簡単な方法ですね。浄土真宗は「念仏成仏是真宗」と教えられますが、お念仏によって仏になるということは、この私の命ではない、法のお命であったと知らせてもらうとき、心がほどけて仏に成るのです。ですから念仏成仏、これが浄土真宗であると言われるのです。まことに簡単なことなんですね。

皆さん方の中にも、お念仏の出ない人もおられるでしょうが、浄土真宗の教えは、子供が母を呼ぶように「なんまんだぶつ」と呼びなさいという教えです。駅で迷うている子供が、「お母さんお母さん」と呼んでいる間に親に会えるように、我々もお念仏している間に、「私の命があるのではない、私の命はそういう壊れない命から出ているのだ」と知るところに安心感が出るわけです。いつ死ぬのだろうかなどと考えなくても、「なんまんだぶつ」というところに、仏さまのお決めになった日に死ぬようになっている。

何を見ても、仏さまのおはたらきに狂いがないことをみなが証明してくれています。朝顔は、朝咲くと夕方しぼむでしょう。あの小さな種子から出た朝顔が、朝咲いて夕方しぼむのは、仏さまの狂いのない命がはたらいていらっしゃるからでしょう。雀はチュンチュンいうて鳴きますが、あれは雀が仏さまで、あの姿になるとチュンチュン鳴くということが仏さまのおはたらきなのです。千年たっても雀はチュンチュン鳴いているのです。それは、後ろにそういう壊れないお命があるからです。カナリアはカナリアの声、鶯はまた鶯で、みんなこれが仏さまの壊れない命から出ているということを教えてくださるのです。

壊れん命から出ている

我々の悩みは、壊れるということが悩みなのです。しかし「なんまんだぶつ」と称えると、「そうではないぞ、壊れん命から出てるぞ」と、こう教えてくださるのですね。腹立ちということでも、あれは自分で腹を立てているのではないんです。ですから、皆さん、「今ここで腹立てなさい」と言われても、腹立たないでしょう。仏さまの方から命令がこないと腹は立たないのです。それなら、どんなふうにご命令がくるかというと、海に風が吹くと波が立つように、腹が立つときというのは、心の中に風が吹いているから腹が立つのです。あれは腹を立てているのではないんです。風が吹いているんです。

皆さんも覚えがあるでしょう。だいぶ風がひどいと、だいぶ波が高くなりますねえ。それでも風がやむと、けろっとして、にこにこしている。自分のことがわからなければ、他人を見てごらんなさい。ご主人が何か怒っていても、明くる日はけろっとしている。あれは、前の日にはだいぶ風が吹いていたから怒ったわけです。あれは主人が怒ったのではありません。主人の心に風が吹いたんです。嫁さんが何かふくれることもありますよ。だけど、あれは嫁さんがふくれたのではない、嫁さんの心に風が吹いたのです。それをお姑さんは、嫁さんが怒ったと思っているけれども、そうでないんです。あれは風が吹いたのです。

こんな話を聞くと、責任がこちらにあるのではなくて、親さまの方で風が吹いたからだということになって、楽になるでしょう。こちらもまた風が吹くとねえ、「おばあちゃん何を怒っているんだろう」と、嫁さんは思っているかもしれません。しかし、それは風が吹いたんです。後になったら、「あんたきのう、だいぶ風が吹いとったね」「わしもだいぶ吹いたわい」と、こういうことです。

腹立ちはやめよう、腹立ちはやめようと思っていても、私たちの力でやめられるものではないのです。風が吹けば、必ず波は荒れます。はじめは腹立たん身にしてもらおうと思ってお念仏していても、お念仏はそんな腹立ちをやめるような止め薬じゃありません。いくら念仏しても、風が吹けば波は立つのです。今日まで腹が立ったのも自分で立てたのではなくて、風が吹いたとき立ったのです。今からも、また風が吹けば立つのですから、「ああ、風が吹いたら立つわい」と言うて、腹立ちと相撲をとるようなことはやめることです。風が吹いて波が立ったほうが、まだ頭の機械が確かなんですよ。風が吹いても腹立たんようになったときは、もう頭の機械がだいぶ壊れたときです。まだ腹が立つ間は、皆さん、喜んでおきなさい。

こんなふうに、仏法の話は、もとが狂わないということです。もとのところからきちんと、間違いなく出ているわけです。金剛の信というが、私が金剛ではない、如来さまが金剛なのです。

こんなふうに話だけ聞いていると仏法がわかったように思えるかもしれませんけど、それは頭でわかったような気がするだけで、実際には、やっぱり本当にその親に遇わなければわからないことですねえ。

本願の名号は正定の業なり

それだけ前置きして、「正信偈」の、

本願名号正定業　至心信楽願為因　成等覚証大涅槃　必至滅度願成就

（本願の名号は正定の業なり。至心信楽の願を因とす。等覚を成り、大涅槃を証するは、必至滅度の願成就なり）

という一段です。書いてあるわけがわかると、読むのも楽しみです。

「本願名号」ということは、念仏ということなのです。本願とは本の願いです。子供が「お母さん、お母さん」と呼ぶと親に会える縁があるように、やっぱり名号をつくってくださった目的があるのです。「私は五十年の命と思っていたけれど、そうではない。仏さまの壊れん法の命から出ていたのだということを知らせてやろう」と、阿弥陀さまがそういう願いを立てられて、出来上がったのがお名号なのです。いろいろな宗旨がありますけれども、浄土真宗は、南無阿弥陀仏で親もとまでやってくださるという教えです。それが本願名号なのです。

それから「正定業」とある。正定ということは、壊れん世界ということですね。親もとということです。お念仏のお力で、壊れん親の世界に連れて行ってもらう、そういうはたらきです。業というのは、はたらきです。だから「本願名号正定業」とは、南無阿弥陀仏が壊れない親もとに運んでくださるはたらきということですね。

正定ということに関しては、邪定、不定、正定という三通りのことがあります。邪定の邪というのは、長続きがしないということです。新興宗教を邪教というけれど、あれは汚いということではなくて、長続きしないということです。お祈りすると病気を治してやるぞとおっしゃるし、治った時はその神さまにすがっているけれども、治らない時にはその神さまを捨てるでしょう。つまり長続きはしませんね。試験の時でも、合格させてくださるというのでお参りするのです。だから、合格したときは神さまに参るけれども、落第すると、もう参らん。そのように、こちらでつくった神さまだから、長続きしないのです。邪定聚の定聚とは、安心の世界ですねえ。だから邪定は、一応安心しているけれども長続きがしないということです。

邪定聚は自分で安心しているのですが、不定聚は、自分が安心できないから神さまに頼むのです。私たちが神さまに頼むときには、何か欲望を持っているんですよ。達者にしてくれとかいうて頼むでしょう。しかし病気になると神さまと離れるし、達者になれば、また神さまにすがっている。行ったり来たりしているから定まらないのですねえ。それで不定聚です。

正定聚は、みんな親さまのお仕事だと知って安心を得るのです。落第するのも及第するのも、長いも短いも、全部出どころが発電所だと、そういう心の場所があるわけですね。

邪定聚という世界は、自分で納得して安心している世界です。自分の方で、もうこれで大丈夫だ、これだけ修行したから私の心は金剛だというて、そう思っている。けれども、やっぱり火事になると飛び出してうろうろする。もう驚かんと思うとったけれどもねえ、やっぱり火事になると飛んで回るわねえ。自分は死ぬときには静かに死ぬなどと思うとったけれども、本当に死ぬときになったら、ばたばたするかもしれませんしねえ。私は修行したからもう腹を立てたりはしませんと言うてる人もあります。しかし、何か縁が出ると、やっぱり腹が立つわけです。

そんなふうで、自分の方では安心できているつもりだけれども、これは壊れます。なぜかというと、自分というものはころころ変わるものですからね。「あなたを信じます」と言うても、自分の都合のよいときだけは信じますけれども、自分と反対のことが出てくると、「あんなやつはない」と言うでしょう。だから信心でも、こちらの信じた信心は長続きしません。

邪定聚というのは、そういうふうに自分の方で決めて、安心しているのです。不定聚は、自分で安心できないから、題目を唱えたり念仏したりして、安心を捜している世界です。それでも、神さまに願いをかけて安心したと思っても、また神さまに捨てられる日があるわね。こちらで頼むのは、いくら頼んでみてもだめなのです。

自分の力もだめだった、神仏に頼んでもだめだったというところに、私を生んだ、宇宙全体を動かしてくださる法の世界があるんです。そこで阿弥陀仏は待っておられるのです。「まかせよ」とおっしゃる。どうまかせるかというと、「身も心もどうにもならなけりゃ、まかせよ」とおっしゃる。これは裏から言うとね、まかせるまでもない、私というものは、そういう永遠不変な親の命法の命から出とったというのが正定聚というのです。聚というのは、世界というのです。こちらがいくら動いとっても、もとが動かんから、動いているのが動いているように見えないのです。

亀と兎の速度は同じ

この間も、あるところで亀の速度と兎の速度は一つやという話をしとったんです。松任正遠会の時でした。その時に、

「先生は亀の速度と兎の速度が一つやとおっしゃるが、私はいくら考えても、一つだとは思えんのです」

という質問が出ました。兎は速いし亀はのろい、それが速度が一つだというのはどう

いうことかと言われるのです。私はその人に言いました。

「あなたは結構な人や。他の人はその話を問題なしに、ただ聞いているだけやから、喉に骨が引っかかっていないのや。あなただけが引っかかって、骨を取ろうと思って、わかろうと思って一生懸命になって、質問されたんです。他の人は聞いても骨が引っかからんから、ただ聞き流しているわけだ。ともかく、あなたがその問題に引っかかったということは、その問題があなたの心を開くことになるのです。ああ、結構なことやなあ」

と。そしたら、「それはどういうことですか」と言われたので、

「それは私は教えられません。私がいくら説明しても、お味わいというものは自分で食べてみなければわかりませんよ。この間、私がみかんを食べていたら、傍にいた人が『先生、すっぱいか、甘いか』と聞くから、私は『食べてごらん』と言いました。私がいくら言ったって、食べてみなければわかりませんよ」

と言いました。

亀の速度と兎の速度が一つやということについて、何とか言ってほしいというのですけれども、私もまあいつも何とか言ってるつもりなんですけれども、あなたが聞き取れないので、そのところに引っかかっておられるわけですね。

まあ木でも、千年もかかって育つ木もあれば、一年でしおれるものもあります。それが一つですねえ。人間でも三歳で死ぬ子もおれば、九十歳まで生きる人もおります。それが一つなのです。長いとか短いとかは、人間の方で言っているのであって、実はみな一つなのです。それは「なんまんだぶつ」を称えるとわかります。

「現世利益和讃」に、

南無阿弥陀仏をとなうれば　この世の利益きわもなし
流転輪廻のつみきえて　定業中夭のぞこりぬ

とありますね。流転輪廻というのは、長いとか短いとか、善いとか悪いとか、あるとかないとか、そういうところで流転しているのです。その流転輪廻の罪が取れて「定業中夭のぞこりぬ」ですね。定業とは長生きということ、中夭は早死にです。ですから、私の心がもうそういうことに動かなくてもよいというわけです。それは正定聚という世界ですね。如来さまのお仕事には間違いがないということが本当に信じられたら、長いも短いも如来さまのお仕事でしたというのだから、亀は如来さまからくださった速度、兎も如来さまからくださった速度で、その速度が狂わない。だから同じなのです。

私たちは、毎日速いとか遅いとかで流転しているんです。あの人は善い人だとか、悪い人だとかいうて、流転している。けれども、もとが決まると、悪い人でもない、善い人でもないのです。如来さまからくださった人なんです。頭がいいのでも悪いのでもない、如来さまの正定聚の世界へいくと、対立がなくなるのです。我々は、頭がいいとか悪いとかで対立してますけれども、正定聚にいくと、対立がないんです。なぜなら、もう比べられないからです。みんなが如来さまの頭になって、頭がいいとか悪いとかはなくなる。それなのに、私たちは頭がいいとか悪いとかで、自分で自分を苦しめる。それを流転輪廻というのですね。しかし、そのもとが決まらないものだから、毎日流転輪廻しているのです。あの人はいい人や、あの人は悪い人やということで、それだけで苦しんでいるけれども、もとが決まると、みんなそれが如来の発電所から間違いなく来ているわけです。それなら、いい悪いを言わないのかというと、もとが決まっているから、言ってもいいんですね。毎日いくら言っても、もとが決まっているから、まあ軽く通れるわけですね。正定聚という、もとの狂わない世界に行かなければいかんわけです。

至心信楽の願を因となす

次に、「至心信楽願為因（至心信楽の願を因となす）」とあります。この至心信楽ということについて、四十八願の中に、至心発願欲生我国、至心廻向欲生我国、至心信楽欲生我国と、三通りあるわけです。お釈迦さまが正定聚まで出てみられたら、矛盾が一つもない。全部如来の活動になってしまったのです。

「依経段」の最初のほうに世自在王仏が出ますね。世自在王仏というと、どこかにそういう仏さまがおいでになるように思うけれども、この世自在王仏はお釈迦さまなのです。正定聚の世界は、小さな花は小さな花、大きな花は大きな花というように、もう一つも矛盾はないのです。人間でも、ちっとも矛盾がないのですね。それぞれちゃんと如来さまから賜わった体と心を持ってるんです。仕事でも、やっぱり亀の性の人は亀の性の仕事をしているし、兎の性の人は兎の性の仕事をしています。おしゃべりな人も、あれはおしゃべりではないんです。仏さまから雀の性をもらっているから、しゃべっているんです。

人間も、それぞれ仏さまからもらっているんです。だから、いろいろな違いはあっても、もとが決まると、「ああ、そこから出ていたんだ」と、こういうふうに矛盾がないのです。その矛盾のない世界を表す仏さまを世自在王仏というのです。しかし、お釈迦さまがまだお城におられたときには、仏さまの世界のもとがわからないものですから、生まれたら死ななければならないし、腹は立つし、争いは出るし、愚痴は出るしと、こういうふうに悩まれた。

じつは、みんなそれがそのまんま法から、発電所から出ているのだという世界です。それを知らせてやろうという慈悲心ができたのが法蔵菩薩です。法蔵菩薩は、字を知らない者にも、どんな罪の深い者にも、矛盾のない世界を知らせてやろうと、四十八の願を建てられたのです。

蛇が蛙を呑むと思うとったけれども、あれは如来さまの方から、蛇は蛙を呑むようになっているというわけです。そして、みんなに嫌われるようになっている。蛙はまた蛇に呑まれて、みんなに気の毒がられるようになっている。それを動かすわけにはいかんのです。この世がその通りです。蛇になって蛙を呑むような性の人は、みんなから嫌われる。それからまた蛙の性をもらっている者は、蛇に呑まれていつも愚痴を言って、きゅうきゅうしているんです。それは入れ替えられません。どうやっても、蛇は蛙を呑んで憎まれるし、蛙は蛇に呑まれて気の毒がられている。

お釈迦さまも、それが切ないものだから、なんとか入れ替えようとなさったけれども、どうしても入れ替えられない。もとがわかったら、それがそのまんま、善くても悪くても、もう永遠にそれが決まっているんです。そういう正定聚の世界に出られたお釈迦さまが、なんとかしてその世界を知らせてやりたいというので、四十八願が建ったのです。

それで、四十八願にいっぺんに行けないので、自分の経験を振り返って、順序を立てて建ててくださったのが、

至心発願欲生我国

至心廻向欲生我国

至心信楽欲生我国

です。我国というのは、正定聚の世界です。その正定聚の世界が我々にわからんから、阿弥陀さまがそこに立って、お浄土があるぞ、ここまで来なければ心が助からんぞと喚んでくださるわけです。どうしたらその親もとに行けるかというと、子供が親を呼ぶように、「お母さん」と呼んでくれというのです。私の名前を「なんまんだぶつ」と呼んでくれとおっしゃる。それが浄土真宗の教えです。

子供は「お母さん」と呼んでいると、お母さんに会えます。お母さんは壊れる親だけれども、阿弥陀仏は全宇宙を動かして壊れない親さまですから、その世界に阿弥陀仏が名前をもって私たちを迎えてくださるのです。そのように「わが名を呼んでくれ」とおっしゃるから、私たちが「なんまんだぶつ」と称えていると、それが橋渡しになって、「私というものがあるのではない。私は阿弥陀仏の命から心も体ももらっ

てきていたのだった」と知らしめられ、そこに安心ができるのです。お念仏は、そういう橋渡しなのですね。

仏さまたちは、いろんな苦労をしてその世界に行かれたけれども、私たちは、困ったときに子供が親を「お母ちゃん」と呼ぶように、「なんまんだぶつ」と称えていると、苦労に苦労を重ねてそこへ行った人と同じところに行くようにしてある。だからこれを易行道というのです。楽な道ということですね。それくらいのことなら、私たちにも実行できます。口で言えなければ、心で「南無阿弥陀仏」と憶えばいいですね。

親鸞聖人も二十年の間、自分の力で親もとの世界へ行こうとなさったけれども、どうにもならなかったものですから、行けるか行けないかわからないけれども、法然さまに勧められて、「なんまんだぶつ」とおっしゃったところに道がついたわけです。「ああ、なんまんだぶつの橋渡しがあったらこそ、お釈迦さまと同じ正定聚の世界に出してもらった」といって喜ばれた。それで「なんまんだぶつ」を、「如来大悲の恩徳は、身を粉にしても報ずべし」とおっしゃるのです。また、この「なんまんだぶつ」の教えを教えてくださった祖師方がいらっしゃったからこそ、「師主知識の恩徳も、ほねをくだきても謝すべし」と、こういうふうにおっしゃったのです。

そういうことですが、その親もとに行くには、いっぺんには行けません。やっぱり順序があるわけです。おばあちゃんにはすぐなれませんね。まず嫁に来るというところが出発です。嫁に来て、子供が生まれると母親になる。そして孫が生まれると、おばあちゃんになる。それだから、親もとに行くのでも、「至心発願欲生我国」「至心廻向欲生我国」「至心信楽欲生我国」という三つの段階があるわけです。

念仏が間に合わん

至心とは、一生懸命ということです。発願というのは、娑婆のほうではもう助けがないから、何かそういう壊れない世界があるなら、そちらの方に行きたいというふうに、心の向きが変わるのが発願です。我国というのは、仏の国、いわゆるお浄土、つまり壊れない世界のことです。至心に発願して欲生我国というのですから、壊れん親もと、出どころに生まれようと願うわけです。

そういう願は、娑婆がおもしろいという人には建ちません。娑婆がおもしろくないというようにならなければ、その願いは建ちません。ですから、今日ここにいらっしゃる人は、みんなその一番目の願はすんでいるはずです。娑婆は幸いだらけという人は、ここに来てないんです。娑婆がおもしろくないとか、何かが壊れるからここに来ているのでしょう。「自分の体が弱ってきた。もうそう長く娑婆におれんわ」というと、娑婆に満足ができん。それで、何か心の安定はなかろうかと、一生懸命になって願う。それを至心発願というのです。あるいは子供を亡くした人が、「先に逝ったあの子はどこに行っているのだろうか」と、こういう不安が出たところに、聴聞の場が開ける。そこに至心発願という世界があるのです。

そこでお話を聞いて、「ああ、これでもう大丈夫」と言っている世界が、邪定聚という世界です。大丈夫だと思っていても、そう思っている頭がころころ変わるからねえ。そうでしょう、大丈夫と思っているのはしばらくで、すぐまたころころと変わる。「私は仏さまを信じます」と言っていても、都合のいいときは信じているけれども、都合が悪くなるとそれが間に合わん。とにかく邪定聚ということは、私が聞法して、そこで安心しているのが邪定聚です。しかし、はじめはやっぱり発願して、聴聞の場に来ているわけです。

悩むということは、明るいものを捜しているから悩むのです。暗い所でも、「ああ暗いわ」と、そのままおれたら何も悩むことはない。暗いということは、光明を捜してることです。苦悩するということは、何か明りを捜しているんです。だから苦悩は宝なんです。みなさんは苦悩が邪魔になるのでしょう。しかし、じつはこの苦悩が、本当の親もとに行く種になるのです。

なぜ苦悩するかというと、今まで有限の五十年、百年のところに安心していたけれども、それが危ないなあ、壊れるなあというところから苦悩を知るわけです。ということは、永遠に壊れないものを捜すという出発が始まったのですから、これを「至心発願欲生我国」というのですね。親鸞聖人も、二十年間比叡山で修行されて、それで安心しておられたけれども、自分の安心というのは、また壊れていく。これは皆さんも経験されたことでしょう。「これで大丈夫」と思っていても、また何か問題が出てくると、それが壊れる。

そういうところに二番目の「至心廻向欲生我国」ということが出てくる。嫁に来たということが至心発願です。子供が生まれたということが二番目だ。至心廻向欲生我国。これは、自分の力で「南無妙法蓮華経」と題目を唱えたり、「南無阿弥陀仏」とこちらの力で念仏して、その力で自分を幸せにしようと願っているのです。

しかし、いくら念仏してみても、やっぱり出てくるものは出てきます。病気は出るし、いろいろなものが出てくる。いくら祈っても子供は落第したし、念仏しても子供は死んでいった。祈るのは自分の力で祈るのでしょう。廻向というのはこっちが持っていくのですね。いくら念仏しても、その念仏も間に合わんぞというところに、今度は「至心信楽欲生我国」というのが三番目に出てくる。「本願名号正定業、至心信楽願為因」、至心信楽の願を因となすというわけです。

すべてが仏のお仕事

阿弥陀さまをこちらの方で祈って自分の幸せを頼んでいたけれども、いくら南無阿弥陀仏を頼んでも、こちらの幸せが壊れて、抜き差しならぬところまできた。たとえば癌の病人が、初めは自分の病気が癌だとは思っていなかった。それで養生したのですが、なかなか治らず、どうも癌らしいということになって、神さまに祈ったのです。しかし、癌がだんだんひどくなると、もう祈る力もなくなって、苦悩だけが残ったというのです。まあ、「地獄一定ですわ」とか「もう地獄行きと決めました」などと言っているのは、あれは話でね、臨終つきつまると、もう体中が「死にとうない」でできている。自分の力もだめだし神仏を頼んでもだめだとなると、苦悩だけが残りますわ。

至心信楽ということは、そういうところに、今度は「任せてこい」とおっしゃるのです。任せるというときには、こちらに何か力があったら任せられません。至心信楽ということは、もう無条件降伏するよりほかに道がないということです。死にとうない私がいるだけだというところに初めて、無条件降伏せよという喚び声に応じるしかなくなるのです。

自分ではどうにもならんところに、「本願名号正定業」、本願の名号が正定であるというわけです。今度は南無阿弥陀仏のほうが、私を正定聚の世界にやってくださる。正定という世界は、法界、つまり壊れない世界です。世界万物を動かして、少しも狂いのない正定聚の世界。その本願名号に遇う場所が、「至心信楽の願を因となす」のです。こちらに力があったら、念仏称えても、まだわが身をうまくしてくれという念仏でしかない。それが二十願の、まあ言葉で言えば「唯除五逆誹謗正法」ということですが、神仏にも捨てられたというところにくると、阿弥陀さまが摂取にいらっしゃる。この宇宙を間違いなく動かしている法界から、阿弥陀仏が姿をとって抱きにきてくださるのです。

そういうところを昔から一念帰命といいます。これはまあ、「私の力で、私の自由で生きていると思っていたけれども、私の自由なんか微塵もなかった。何もかも向こうさまの、法則の通りに私は現在ここにおりました」ということでしょう。そういう正定聚の世界がそこに出てくるわけです。そうすると、私の命も体も心も、まるまる仏さまからの賜わりものだったということになるでしょう。そういうところが「本願名号正定業、至心信楽願為因」ということなのです。

まあ、なるべくわかりやすいように話したつもりだけれども、ともかく私たちは、ただ私の力でおるのではない、母親の力で生まれたのでもないということです。母親の胎内に宿ることも、先に用意がしてある。生まれることも用意がしてある。どのお母さんでも、胎児は十月《とつき》の間お腹の中にいるわなあ。ということは、ただお母さんが生むのではないね、その下に永遠に壊れないところの大きな親がましますのです。その親を、自分の自由がきかんところに、「なんまんだぶつ、なんまんだぶつ」と呼ぶ。ということは、まるまる向こうさまの、如来さまのお命から出てきて、如来さまがものを言っている、みんな如来さまであったと、そういうことになるでしょう。

そうなると、雀がチュンチュンいうて鳴くのも、カラスがカアカアと鳴くのも、あれは如来さまが言わせておいでになるんだ、如来さまの声なんだと聞こえるようになる。そういうふうにものが見えるようになるのです。皆さん年とったというけれども、仏さまのお与えを食うただけの顔が出ているのであって、自分で年とった顔ではない。今まで、わしは年とった、食えば食うほど年とって、あほらしいと思っていたけれども、仏さまの正定聚の世界に行くと、仏さまのお仕事は狂わんからね、年とったのではないのだ、食うただけの顔が出ているのだということなのです。ちゃんと見てごらんなさい、食うただけの顔になっとるわね。

そこにおられるおばあちゃんでも二十歳の日はあったんですよ。二十歳の時は、まだ白髪じゃなかった。二十歳の時は、つややかな顔をしていたんですよ。しかし、今日まで食うただけの顔がちゃんと出ています。だから平等でしょう。若い者と年寄りと、みんな平等ですわ。食うただけの狂いのない顔が出ているところが平等です。そこが正定聚ですね。

どうして正定聚にいくかというと、自分で自由にしようと思って一生懸命やるけれども、やっぱり最後にはつまってくる。いくらやっても思う通りにならん。だから神仏に頼んで思い通りにしようと思うけれども、いくら頼んでもどうにもならん。そのところに「ああ、あなたのお仕事一つでございました」と知らせてもらう世界が十八願の世界ですね。それが至心信楽の願ということです。

仏と等しいさとり

大涅槃を証する

次は「成等覚証大涅槃（等覚を成り、大涅槃を証する）」です。

等覚の等はひとしい。覚はさとる。昔の仏さまがたは、自分の力で苦労して苦労して正定聚の世界を覚られたけれども、今私たちは、困ったら「なんまんだぶつ、なんまんだぶつ」というだけで、お釈迦さまと等しいお覚りの位にまで出た。だから等覚というのです。

歩いて東京まで行ったのが仏さま方です。我々は歩けないけれども、南無阿弥陀仏の列車に乗せてもらって、歩いて行った人と等しいところに行くから、等覚を成るというわけです。それを親鸞聖人は喜ばれたのです。

この世界は生まれて死ぬ世界だと思っていたけれども、「なんまんだぶつ」のお力で、生死は実は仏さまのお仕事だった、死にたくない心も仏さまのお仕事で、長い短いも仏さまで決められてあった。そういうことが覚られたから「等覚を成り大涅槃を証する」というのです。そういう法の世界を大涅槃という。それを証明するのです。大涅槃がどのように証明されたかといえば、生死即涅槃、煩悩即菩提、差別即平等ということにおいて、私の心に証明されたわけです。大涅槃を証するとは、この三つのことが私の心にはっきりしてきたということです。

生死即涅槃とは、私が生まれて死ぬと思っていたけれども、私が生まれて死ぬのでない、仏わざであったということです。私が生まれて死んだりするのでない、生死というのは、たとえば発電所から送られた電気のようなはたらきであったというのです。皆さんも、自分が生まれて自分が死ぬのではないのですよ。仏さまのほうでご縁があって生まれたのだから、また仏さまの決めなさった日に死ぬのです。朝死ぬか晩死ぬか、そんなことは我々にはわからんけれども、仏さまのほうでは決まっている。

しかし後に残った者は、「ああ、あんなに若いのに死んだ。胸のちぎれるほど悲しい」という。それは煩悩です。しかし、その煩悩がすなわち菩提であるというのです。後に残った者が嘆き悲しむという煩悩が、実は仏わざなのです。煩悩即菩提、菩提というのは仏わざのことだ。

このことはまた、長いも短いもない、平等である、仏さまの方でちゃんと決めてある、ということでもあります。ミカンにも、すっぱい甘いがあるでしょう。日なたのミカンは甘いようになっているし、日陰のミカンはすっぱいようになっている。その法則は変わらんのです。甘いとすっぱいのは一つです。平等です。ただ縁が違う。日当たりがよければ甘いし、日陰で実ったのはすっぱい。

頭がよいのも悪いのも平等で、ちゃんと仏さまからもらった頭です。よいとか悪いとか、そんなこと言っていても間に合わん。大金持ちも貧乏人も平等です。あの人は金を持つように生まれてきているし、この人は持たんように生まれてきている。毎日、なんで私はこんなに貧乏なのだろう、なんでこんなに体が弱いんだろう、なんで嫁は言うこと聞かんのだろう、姑はなんで意地悪いのだろうと言うて苦悩しているけれど、「なんまんだぶつ」というところに、仏さまは、「お前も長い間それでもがいてきたけれども、自分の自力はだめだっただろう、神さまに祈ってもだめだっただろう。さすれば、わしの仕事のままだ、わしのところに来なさい」とおっしゃる。

それは不平ではないのです。そういう煩悩も親さまからくださった煩悩です。なんとかして相手を直そうとばかりかかっているが、なかなか直ってくれん。相手が直らんということも、如来さまからくださったのです。しかしまた、こっちがそれでイライラしているのも仏さまの真実。何でも無理でない無理でないとおっしゃるのが、阿弥陀さまのお慈悲です。

そういう苦悩の私を、阿弥陀さまが「なんまんだぶつ」と抱いてくださるところに、ほっとするわけです。そうでしょう。子供が若くして死んだのは、朝顔の性をもらって早く死んだということです。後に残った者は死んだ子供の年を数える。「あれからはや三十年たったか、あの子がおったらいくつになる」と、年を数えるのが親のまことということです。長い命も短い命もあるが、そのままが大法の法則通りになっている。しかし根本の法則がわからなければ、そういう世界が出ないわけです。

煩悩が生きる力となる世界

その正定聚の世界、壊れん世界、それを浄土という。その世界に連れて行ってやろうと阿弥陀仏が立って、「ここまで来なさい」「子供が親を呼ぶように、『お母さん』と呼んでくれ」と言うて、そこで待っていらっしゃる。呼んでいる間に、親子対面の日があるわけです。それを一念帰命という。

皆さんも、困ったときにお念仏が出るようになったら、もう間違いないですね。親を呼んでいるのだから、汽車に乗っているのだから、親もとへ往くのではないのです。本当は、親もとにおったことがわかるのです。はじめはお浄土へ往くんだと思っていたけれども、往くのではなかったんだ、おったんだ。言い換えれば、帰ったのですね。

成等覚証大涅槃　必至滅度願成就

（等覚を成り大涅槃を証して必ず滅度に至る）

必至滅度の願というのが四十八願の中にありますね。お浄土に行くということは、まだ方便なのです。滅度を成就させてくださる方便なのです。滅度というのは、煩悩の苦を滅し生死の流れをわたるということです。

お釈迦さまはなぜ城を出られたか。生死のことに苦しめられ、煩悩の苦しみに責められて城を出られたのです。私たちはなぜ仏法の話を聞こうとしたか。よく調べてみると、やっぱり病気すると死ぬのではないかという心配に苦しめられるからです。また生きている間には、貪瞋痴をはじめ、いろんな煩悩に悩ませられるからです。

思うようにしようと思っていろいろやるけれども、なかなか思い通りにならんから、腹が立つのです。腹が立っても口に出せないものだから、心の中にしまいこんで愚痴になる。そういう煩悩ですね。

ところが、お浄土の親もとまで行ってしまったら、煩悩ということが親の仕事なのだ。煩悩即菩提となれば、煩悩は生きる力です。ほしいという心があるから生きられる。木でも見てごらんなさい。冬の間は葉が落ちていても、春になると芽が出て、やがて若葉から青葉になる。あれは根がずうっと大地に入りこんで、大地から養分を吸い取っているから芽が出るのだ。一生懸命に貪っているのですね。今まで貪るというのは煩悩だと思っていたが、あれが生きるということなのです。周りのものを全部殺してでも、わしは生きたいというその貪り心が、じつは如来さまのものなのです。

それから、自分の思いが叶わないから腹を立てるということも、また生きる力なのです。腹も立たんようになったら、生きているとは言えないでしょう。嫁さんが思うようにならんからと、腹立てて愚痴を言うのも如来さまのお仕事です。これからは愚痴を言うて、腹立ててやっていけると思えば、楽しみでしょう。今までそれを取り去ろう取り去ろうと思って苦しんでいたのだが、そうでない、それが親仕事なのです。

そうするとね、他の人が一生懸命貪っているのを見ても、ああ親さまの仕事してるわい、なかなかがめついわいと、楽に見ることができますよ。人さまが欲ばっているのを見ても、「ああやってるわい」と笑っていられる。道徳的にいえば、欲ばるなということになるけれども、欲ばるなということは、欲ばらずにはおれんということを証明しているわけです。それが仏法の教えです。親に孝行せよいうことは、親に孝行できないから、孝行せよというのですね。

夫婦は喧嘩するように決まっているから、仲よくしろという。夫婦は喧嘩しなければ夫婦でないですよ。家を守っていくのに、奥さんが何もかも主人の言う通りにしていたらどうなると思いますか。夫婦の意見が食い違うのは、あれは喧嘩ではないのです。一家を思うために、夫は夫の感覚でこう言い、妻は妻の感覚でああ言うて、意見が合わんから、喧嘩をしているみたいに見えるだけで、あれは愛情のあらわれです。愛情のないものは喧嘩なんかしませんわ。嫁と姑でも、家を平和にしたいという願いがあるから喧嘩するんでね、平和を願わなければ喧嘩なんかしません。

そんなふうで、煩悩ということ、貪るということが生きる力なんです。ものを殺すなというけれども、いくら殺すなというても殺している自分だということが、仏法を聞いているとだんだんわかってくる。何でもかんでも、そういうふうになっているのです。だからね、皆さんがやっておられることが、ちゃんと仏さまの法にかなっているわけですよ。それが仏わざなんですね。そういうところに、煩悩即菩提と教えてあるのです。

生まれたら死んでいく世界

いくら死にとうない死にとうない、生きたいと思っていても、後がつかえるから、如来さまのほうで、ちゃんと生まれたら死ぬように用意がしてある。それなら、みんな同じように八十歳まで生かしたらどうだというけれども、如来さまのほうの計算が、みんな八十歳まで生かすことはできないようにしてある。それぞれのわけがあるのです。もとの如来さまが信じられれば、すべてがそのまま平等に見えるような目をもらうのです。だから、怒るということと笑うということが一つなのです。自分に都合がよいと笑うし、都合が悪いと怒る。それが自然の浄土、如来さまの法則ということです。

そういう世界を、お釈迦さまは知られたのです。「天上天下唯我独尊」、ただ我独り尊しというのは、私は法の命で出ていた尊い身であるとわかるので、その目で見ると「有情非情同時成道、草木国土悉皆成仏」で、すべてが如来の発電所から出ているというものが見えたということです。そこに心が安らぐ。安らいだといっても、腹が立たんようになったのではない。腹が立つことで安らいだのが、滅度という世界です。

そうすると、はじめの悩みが解けたでしょう。法界まで行ったら、お浄土まで往ったら、煩悩を取り去るのではなかった、煩悩は仏わざであった。そういうことになったら、煩悩の苦が取れた。滅したわけですね。煩悩を取り去って滅度を成就しようと思ったけれども、煩悩を取らずにそのまま滅度が出たのを「煩悩を断ぜずして涅槃を得」というのです。

「生死すなわち涅槃」ということは、生まれて、そして死んでいくのではない、花が咲いて散る、それが仏わざである。そこでは生死がそのまま法の仕事であるというところに、滅が成就したわけです。そこに必ず大涅槃まで往く。そして必ず滅度に至る。そういう願が建ててあるから「必至滅度の願成就なり」と、こういうふうに読むのです。

本願名号正定業、至心信楽願為因、成等覚証大涅槃、必至滅度願成就

この四句には浄土真宗が全部入っています。その上はどんなことが出てきても、「行きづまり、また行きづまり行きづまり」したところに、いつも「なんまんだぶつ」と仏さまの方から手をかけて抱きに来てくださるのが、南無阿弥陀仏です。もう阿弥陀さまの中に地獄も極楽もあるのだから心配せんでいい。地獄に行っても阿弥陀さまの手の中の地獄なんだから、楽にときどき地獄へ行って遊んでくるといい。なかなか広大無辺の話ですわなあ。まあそういうふうに、私はありがたいことだと思っています。

如来の出世本懐

次は、

如来所以興出世　唯説弥陀本願海　五濁悪時群生海　応信如来如実言

（如来、世に興出したまうゆえは、ただ弥陀の本願海を説かんとなり。五濁悪時の群生海、如来如実のみことを信ずべし）

という一段です。

お釈迦さまがこの世に生まれ出でたもうたゆえんは、ただただ阿弥陀さまの本願海を説くためであったと親鸞聖人はおっしゃいます。本願海というのは本願名号です。阿弥陀仏の世界というのは、全宇宙を永遠から永遠にかけて限りなく狂いなく運行してくださる大法界ですが、我々にはそれがわからないから、その法界から阿弥陀仏が姿をとって、「なんまんだぶつ」と呼ばしめて親もとまで到達させ、私の命は五十年の命ではない、光明無量、寿命無量の大法界から出てきていたのだという、そういう世界を知らせてくださる。そのことのために、この世にお釈迦さまはお出ましになったのだと言われるのです。

本当はみな大法界から出ているのだけれども、私たち凡夫にはそれがわからん。そういう何もわからん私たち凡夫が「五濁悪時の群生海」なんです。五濁というのは、『阿弥陀経』の終わりの方にありますが、劫濁、見濁、煩悩濁、衆生濁、命濁の五つの濁りです。劫濁は、時世が濁っている、悪い時節のことです。見濁は思想が濁っている世。煩悩濁は煩悩の濁り。私たちは毎日その煩悩で苦しんでいるのです。私一人でなく、衆生みんなが煩悩で苦しんでいます。衆生濁は、みんなの濁り。そして命濁というのは、命の濁りです。ともかく「五濁悪時」とは、汚れた世の中、悪い時節のことです。

「群生海」とは、そのような五濁の世に生きている我々が、うようよと、うごめいているありさまをたとえて言ってあるわけです。群生海で苦しんでいる者たちは、まさに、まさにというのは、これ一つしかないということで、まさに如来の真実のお言葉、「なんまんだぶつ」を信じて助けていただきましょうと、こういうわけです。

「五濁悪時の群生海」は、仏さまからいうとたくさんの人ですが、受けるほうからすると、私一人です。仏さまは、悩める人みんなに対してお説きになっているけれども、私からいえば、私一人が悩める者です。「弥陀の五劫思惟の願をよくよく案ずれば、ひとえに親鸞一人がためなりけり」というのは、この私のために本願が説いてあるというのですね。たとえば、腹痛の薬は誰にでも効くけれども、実際に腹の痛い人にしてみれば、自分のために用意してあったこの薬で命拾いをしたと受け止めます。いただく方は、いつでも私なのです。悩んでいるのは、私一人が悩んでいるわけです。

悩むということは、私個人のことに限らず、世間全体のこと、あるいはいろんな出来事を私が引き受けて悩んでいるわけです。「あんなひどい殺し方をして」と私が悩んだときは、問題は私にきているわけです。「あの人はあんな悪いことをして」というのは、あの人が悪いことをしていることに、こちらが引っかかっているのだから、問題はみんな私にある。そうすると五濁悪時の群生海のいろんな出来事を、みんなこの私が引き受けて悩んでいるわけですね。そういうふうに受け取っていかなくてはいかんのです。だから私が助かるということは、引っかかっている周りが、みな助かるということでなくては、助かったことにならないのです。

一念喜愛の心を発す

その次へいきましょう。

能発一念喜愛心　不断煩悩得涅槃　凡聖逆謗斉廻入　如衆水入海一味

（よく一念喜愛の心を発すれば、煩悩を断ぜずして涅槃を得るなり。凡聖、逆謗、ひとしく廻入すれば、衆水、海に入りて一味なるがごとし）

「能く一念喜愛の心を発すれば」、阿弥陀さまに抱かれて、この世界は一切が光明無量、寿命無量の大法界であった、この世界は全部が法のご活動であったと知らせてもらい、心が喜ぶならば、と書いてあります。

私が生まれて私が死ぬのだと思っていたけれども、この大法界のおぼしめしで生まれて、またおぼしめしで大法界に帰るのだ。長い間、生まれて死ぬというところに苦悩していたけれども、生まれて死ぬことが如来さまの活動だったのだ。生まれるときは喜び、死ぬときには悲しむけれども、その悲しみが如来の心なのだ。どんな人でも、死の事実を見れば涙を流すし、身近な人の死に遭えばいっそう悲しむが、これが如来の活動なのだと、こんなふうなことを知らされたのが「一念喜愛の心」です。

「一念喜愛の心を発すれば」というのは、お念仏によって一念喜愛の心をおこさしめていただくならばということでしょう。そうするとどうなるかというと、「煩悩を断ぜずして涅槃を得る」。煩悩を捨て去って助かろうとしていたけれども、抱かれてみたら煩悩というものが私事でない、みんな共通に如来から与えられたものだったんですね。だから、うれしいときには笑うし、悲しいときには泣きますね。執着するというけれども、如来が身を執着させてくださるということになると、執着したまま助かるということです。

他の教えでは、煩悩を捨て去って楽になるという世界もあるけれども、浄土真宗の教えは、煩悩の身のままであっても、仏に抱かれるならば、煩悩が如来さまの世界を荘厳しているわけです。煩悩が生きる力なのです。死にたくないということは、裏からいえば、身に執着することが如来の世界を荘厳しているということなのです。「いつ死んでもいい」という気になれば楽でしょうけれども、そんな気になったと思っても、腹の底にはやっぱり「死にたくない」「生きたい」という心がある。その心が如来さまのくださった心だということなら、執着のままで歩かれるわけです。

我々みんな、お互いに持っておる執着ということが、私の執着ではなく、如来から賜わった執着です。執着するなというが、執着する心があるから生きていけるのであって、執着を取り去ってしまうなどと、そんなことは話でしかない。仏さまに抱かれて初めて「煩悩を断ぜずして涅槃を得」という世界がわかってくるのです。煩悩を取るのではなくて、煩悩が仏仕事ということを知らせてもらったら、煩悩があるままで煩悩の苦が取れるのだとおっしゃっるのです。

一切が如来の活動であるということが「なんまんだぶつ」、私自身の身も「なんまんだぶつ」、心も「なんまんだぶつ」、「なんまんだぶつ」の目で見れば、一切のものが如来の発電所から出ているということを知らせてもらう。そこに、「凡聖、逆謗、ひとしく廻入すれば、衆水、海に入りて一味なるがごとし」なんですね。

凡は凡夫、聖は聖人です。逆は五逆罪の者。親を殺すとか、仏さまを傷つけるとか、真にこの世の中に背いた在り方です。謗というのは、仏さまをそしることです。自分は仏さまをそしったことなんかないと言うけれども、仏さまに遇うまでは誹っていますね。仏さまのところにこうやっておりながら、その仏さまのところに安住できないで、どこか他の方に親を探している。みな仏さまに与えられて、木は木、草は草、花は花と、ちゃんと安住しているのに、木が花になろうと思ったり、花が木になろうと思ったり、いろんな人の姿を見ては、そういう欲望を燃やしていることが、法に背いていることです。

凡聖逆謗、みなひとしく親の世界に廻入させてもらうならば、ちょうどもろもろの河が海に入ると同じ塩水の味になるごとく、全部が親の活動の中に見える目をもらうわけです。目をもらうというのは、そういうことが知らされるのです。それを悉皆成仏という。過去のことも現在も未来も、三世十方すべてが法のお命であるという世界が展開する。そういうことがお救いの内容です。

そうすると、前に出た十二光仏がまたここから出てくるわけです。無量光、無辺光、無対光と、いろいろありました。水の泡の命ははかないと思っていたけれども、如来さまの世界からいうと、無量寿の命から出ているのだから、必ず三秒か五秒で消えることになってるんです。また、雀はチュンチュン言うているが、あれは雀が言うているのではない。無量のお光があるから、雀はチュンチュン言うているし、烏はカアカア言うているわけです。今までは雀と烏は別々であったけれども、今、海に入れば、つまり摂取されると、みんな無量寿の親の命から、雀はチュンチュン、烏はカアカア言うているのです。草も木も鳥も獣も、同じ親の世界から出ている。そこに御同朋御同行という広い世界がいただけるわけです。

摂取の心光常に照護したまう

次は「摂取心光常照護（摂取の心光、常に照護したまう）」です。

摂取とは、阿弥陀さまに摂取されるわけです。心光ということは、その阿弥陀さまの心を心光というのですが、まあ、大悲の心でしょうねえ。大悲心の光です。

摂取は、摂め取るとか、おさめ救うとかいいますが、私はいつもこれを汽車にたとえているのです。汽車に乗りますと、乗った人は自分の歩みをやめますね。マラソン選手でも病人でも、みな汽車の中では歩くことをやめます。なぜなら、汽車の中では自分の力で走ってもむだということがわかるからです。また、汽車に乗った人は、つまり摂取された人は、「自力無効で」などということも言いません。汽車に乗ったら、自分の力のないことを体で知っているから、歩みをやめて汽車にすべてを任せているわけです。しかし、「もう任せました」とも言いません。そういう世界では「義なきを義とする」のであって、もう言葉の必要がないわけです。

阿弥陀さまに任せた人は自分の歩みをやめて、今日まで歩いてきたのも自分が歩いたのでなくて、汽車によって運ばれたのだったというところまで延長するわけです。そうすると、私が今自分で手を上げていることも、仏さまのほうで上げる力を与えてあるから上げているのですね。以前は、私の力で生きて、私が努力してと、いつでも私を立てていたけれども、摂取されると、私がしているのだけれども、それがみんな機法一体で、やっていることがすべて法なのですね。機というのは、我々がやっている機です。

ですから、私たちの体は、仏さまの機械みたいなものです。人間は人間自身の機械のつもりで動かしていますが、しかしそれはただの機械ではなく、法から出た機械ですね。それが一体なのです。それで、三十年間食べれば、三十年の顔になっている機械、五十年間食べれば、五十年の顔を持っている機械です。それがみんな法から出ているから、平等なのです。塩をなめれば辛い、砂糖をなめれば甘いと感じるこの舌が、これが法なんです。気に入ったら、その人をいい人だと言うし、気に入らなければ憎む。その心がみんな平等なのであって、その煩悩が機法一体なんです。そういうことを「摂取の心光」というわけです。摂取されたということは、お慈悲にあずかったということですね。どういうふうにあずかったかというと、機法一体ということです。

それが「常に照護したまう」、照らし護っているのです。

照護というのは、仏さまを立てたから照らし護るというけれども、照らし護るというところには、まだちょっと距離がある。本当は機法一体なのです。やっていることが、そのまま、法のままなのです。いま阿弥陀さまを引っ張ってきたから、阿弥陀さまに護られている、摂取される、照らし護ると言われるけれども、その内容は、もうそんな言葉のないほど、出たところがみんな法のままで機法一体の南無阿弥陀仏です。

無明の闇を破す

その次に、今度は、

已能雖破無明闇　貪愛瞋憎之雲霧　常覆真実信心天

(すでによく無明の闇を破すといえども、貪愛・瞋憎の雲霧、常に真実信心の天を覆えり)

とあります。すでに無明の闇が破れたといえども、貪り心、愛する心、怒る心、憎む心、そういう雲や霧が常に、一切が如来のお仕事だという真実、狂いのない真実の信心の天、これは心ですね、それを覆うというのです。そしてその後に、

譬如日光覆雲霧　雲霧之下明無闇

（たとえば、日光の雲霧に覆わるれども、雲霧の下、明らかにして闇きことなきがごとし）

とあり、「それはちょうど、日光が雲や霧に覆われると少しは暗くなるけれども、雲霧の下は明るくて闇がないようなものだ」と、譬えて言うんです。雲や霧がかかっても、日が暮れたのではないのだから、真っ暗にはなりません。

さあそこで、この「無明の闇を破る」とは、どういうことなのでしょうか。無明というのは、明かりがないことでしょう。闇ですね。「すでによく無明の闇を破すといえども」とあるから、無明の闇は破れたわけです。暗闇に太陽が出てきて、暗闇が、無明が明るくなったのです。それなら、私たちは、どういうことで暗かったというのでしょうか。どういうことが無明だったのでしょうか。

法界にいながら法界を知らなかったのを無明というわけです。法の命だということを知らなかったことが無明なのです。私の命は百年の命だというふうに、一応自分の命だと思っていたけれども、いま南無阿弥陀仏の橋渡しで、私というものはゼロであって、これは法界からのあらわれであると信知されたのです。そうすると無明の闇は破れたわけです。

とはいえ五十年の命、百年の命が消えはしません。やっぱりそれは五十年、百年の命というものです。そうすると、五十年の命が無量寿の命となるわけですね。無量寿の命から五十年の命があらわれているのです。だから無量寿の五十年でしょう。水の泡が三秒で消えるというのが、あれが無量寿のあらわれで、水の泡は三秒の命が無量寿なのです。

私たちは、五十年、百年のところだけで苦しんでいたけれども、無量寿の命のあらわれが有量寿なんですねえ。早死にとか長生きとかいうところで苦悩していたけれども、如来さまからいえば、如来さまの決められたお命ですから、早死にも無量寿だし、長生きも無量寿です。そうなるのが救いというものですねえ。あとに残った者は、「あの子がおったら」と嘆きますが、その嘆くことが、あとに残った者の無量寿のあらわれでしょう。ともかく、如来さまに遇えば、みな南無阿弥陀仏のお仕事というのです。こういうことで無明の闇は晴れたわけです。

無明の闇が晴れるということを、私たちは初めは、貪りやら、かわいいやら、憎しみやら腹立ちなどというものが取れるのかと思ってお参りしていました。それだから「常に」と書いてありますね。貪愛瞋憎の雲霧が、常にこの私の心を覆うというわけですね。

雲霧の下、闇なきがごとし

毎日の生活から言えば、貪り心、かわいい、腹立ち、憎しみ、そういうことで心が苦しんでいて、何かすっきりしません。今までそれに引きずり回され、今も引きずり回されているけれども、一念喜愛心をいただけば、あるいは無明の闇が破れるならば、貪愛瞋憎の雲霧というものは、どこに摂取されるというのか。どこに貪愛瞋憎を抱いてもらう人があるというのか。

それが、夜が明けたら雲も霧もみんな太陽の光の中におさまるというのです。如来のお仕事の中におさまる。南無阿弥陀仏の中におさまるのです。だから、貪愛瞋憎が毎日やっぱり邪魔になりますよ。私からすれば邪魔になりますけれども、仏さまのほうではそれが必要なんです。

死ぬということなんか、これは一番嫌なことだけれども、仏さまにしてみると、生まれるとか死ぬということが仏さまの仕事です。健康であるほうがいいけれども、病気だって如来さまに必要だから出てくるのです。本当いうと、病気を出さないように、死なないようにしてくださる仏さまをだいぶ捜したけれども、その仏さまに捨てられたわけです。いくら祈ってみても、病気は出てくるし、年は取っていくしというところに、今度はその仏さまに捨てられたわけです。捨てられたその下に、今度はもう一つ大きな仏さま、阿弥陀仏が待っていらっしゃるというわけです。

それで、ずっと言うておりますように、この貪るということが仏さまの国を荘厳しているのです。しかし、「内心に深く貯えて、他流の人に沙汰すべからず」ということもありましてね、貪りを取り、腹立ちを取って助かろうという人たちが聞くと、おかしなことを言うと思うでしょうね。阿弥陀さまに抱かれてみると、貪るということが仏の国を荘厳しているということが、仏さまがくださった力というものです。愛ということは、身を貪っているというのですから。お互い身を貪って生きているのだが、身自分の身に執着するのですね。子供を愛する、相手を愛する。その愛する心を捨てて助かるのかと思ったら、愛することは仏さまのくださったものであって、執着が如来さまのものであるというのです。そういうところが、「なんまんだぶつ」のお慈悲のありがたいところです。

「いつ死んでもいい」と言うているのは、やっぱり死にたくない者が言うんですよ。本来的に死にたくないというのが自己であって、それが「いつ死んでもいい」と強がりを言うてるのです。「いつ死んでもいい」と言うているほど、死にたくないという、もとがあるということに気がつかなければなりません。

わが身に執着した煩悩具足の凡夫が、如来さまに抱かれると、実は煩悩具足ということが仏さまの仕事をしているのです。そういう身であるということを自分が承知すると、煩悩から解放される。そうなれば「私は腹立ててばかりいるやつでございます」と言わなくなります。腹を立てるのが仏さまの荘厳なのです。腹立ちとは波のようなもので、風が吹けば高くなるし、風がおさまれば波も静かになるというようなことで、法の活動であるという身を知らせてもらえば、「わし、腹立って腹立って」などと、もう言わんのです。風が吹けば波が立つという、そういう法の活動である自分がわかったら、腹立つということからも解放されるのです。自分の身に執着するのが仏さまの荘厳だと知らせてもらえば、執着するということから解放される。それをそのままの救いというのです。

皆さんも経験しているでしょうが、うれしいときは波は静かで、気に入らないと波が立つでしょう。それを、自分が腹立てているんだと悩んでいるときは、法がわかっていないのであって、法がわかれば、つまり風が吹けば必ず波の立つ私だということを知らしてもらえば、腹が立ちながら解放されるわけです。

おもしろいもので、自分の本当のことを知らされるというと、それで解放される。どこまでも自分の身を執着するのは法から出ているのだと知らせてもらえば、執着することから解放されるのです。我執を捨てろ、捨てろと言わなくてもいい。我執が如来さまからくださったものだと知らされれば、我執のまま我執から解放されるのです。

ここにも貪愛瞋憎とあるが、瞋は腹立ち、憎はにくむ。法によって言うなら、自分にとって都合のいい人には、あの人はいい人だというし、都合が悪い人は、いやなやつと憎むのです。その憎むということが法からくださった私の姿だと本当に承知ができれば、憎んだままが「なんまんだぶつ」。憎むということは、愛することと裏表です。都合がいいときは愛しているし、都合が悪ければ憎むんです。だから縁が違うわけ、縁次第なのです。

それを私たちは、風が吹いても波を立てまい、自分を痛めつけられても憎むまいと努力して、法に対して挑戦してみたのです。けれども、挑戦が間に合わん。神仏に頼んで、憎むまい腹立てまいとやってきたけれども、神仏にも見捨てられた。そのところに阿弥陀仏が下から抱いてくださって、お前というものは存在していないのだ、この世界は法の世界だから、風が吹けば波が立つごとく、お前の腹立つのは、お前が腹立つのでない、自然の法則なのだと、そういう世界を知らしめられた。そこに、貪愛瞋憎の雲霧は常に私に出るけれども、無明の闇が破れてみれば、「雲霧の下、明らかにして闇なきがごとし」とおっしゃるのです。

壊れぬ法の命に帰る

仏さまは、お前に憎む力なんかはない、お前がいくらやっても、如来のものは壊せないと教えてくださいます。私たちが憎しみを持つのは、私が憎むのではなくて、やっぱり風の吹いた程度によって憎しみの波が立っているのです。憎んでよいとか悪いとかいうのではありませんよ。善し悪しからいえば、憎むのは悪い。腹立ちというものも、お前が腹立てているのではない、風が吹いて波が立つようなものだと如来さまはおっしゃる。それなら腹を立ててもいいのかといえば、腹立ては悪いです。しかし、悪くても出るじゃないですか。それなら出た腹立ちゃ憎しみに、「なんまんだぶつ」で何とか解決を与えなくてはならんじゃないですか。

仏さまからいえば、私たちに憎む心が出るのが真なのです。都合のいいようにしてもらったときは憎まないだろうが、思い通りにならないから憎む。しかし憎しみが如来さまの活動であり、如来さまの活動が出ているのだということになれば、憎しみから解放されます。「さあ今から、これまでよりもいっそう憎みなさい」というても、そうはいかんわなあ。それはもう、花の咲くごとく、散るごとくです。

それも毎日「困ったら、念仏」している間に、お念仏が、まったく私の力がないというところまでおさめてくださる。そこに「凡聖・逆謗、ひとしく廻入する」わけです。だから憎まんようにしようと思っていても、ついむらむらと出てきます。抑えようと思ったけれど、抑えられん。

それから、如来さまのお仕事が出ているのだから、その如来さまというのを吟味しなくてはならん。全宇宙を動かしている法の世界から阿弥陀仏が姿をとって、「お前、いくら頑張っても自由がきかんだろう」とおっしゃる。そこに、「なんまんだぶつ」のところに、往生するわけです。話の上から言うと、盗んだとか盗まんとかいろんなことを言うけれども、それは法の世界がわからん間に言うことで、親に遇うてみたら機法一体で、盗むも盗まんもない、まるまる親の仕事なのです。出てきたことが、みんな法の仕事なのです。そんなことは頭で考えても出てきません。しかし、「なんまんだぶつ」のところに、身も心も親の仕事だということを知らしてやろうというのがお慈悲なのです。

「よしあしの文字知り顔は大そらごとのかたち」で、世の中は善し悪しを言うけれども、善し悪しでは解決がつきません。善し悪しでは動かんのです。しかし、私たちはやっぱり善し悪しで生きている。善いとか悪いとか、損とか得とかでね。

南無阿弥陀仏という言葉は、阿弥陀仏に南無したてまつると読みます。日本語に直すなら、阿弥陀仏に帰命したてまつると読むわけです。わかりやすくいうなら、阿弥陀仏というのは親ですわ。母です。それに「さん」をつけるのが南無。南無阿弥陀仏というのは「お母さん」ということです。もう一つ言うと、私たちには法というてもわからんから、親の姿において、阿弥陀仏が法から姿をとってあらわれたもうた。それを南無する。子供は転んだとき「お母さん」と呼ぶところに、生んだ親と連絡がつくわけですねえ。だから南無というのは、お母さんの「さん」です。そういただいてもいい。

「阿弥陀仏に帰命したてまつる」というと、何か角張っているけれども、子供はね、母親に南無したてまつるというのを「お母ちゃん」と言うんですねえ。そうでしょう。子供が「お母ちゃん」というのは、あれは、私を生んだ母親に帰命したてまつる、あなたの命から出ているのだから、あなたに私は抱かれます、というのが「お母さん」という呼び声であるわけです。それが一番わかりやすい。子供にとっては、母親に南無したてまつるというのが「お母さん」ですわ。だから、ただ「阿弥陀仏」だけでは私に関係がないんだ。「南無」、つまり「さん」がつきませんと、「母」だけでは連絡がつきません。「お母さん」というところに温い血が通い合うわけです。

私たちが南無阿弥陀仏と口に称えるということは、あらゆるものがそこから出ている法からわざわざ迎えに来てくださる母に連絡がつくわけです。迷子になった子供は、黙っていては母子の連絡がつきません。そのまま永遠に邂えないかもしれないけれども、「お母さん、お母さん」と言うているときに、初めて迷うた子が親にめぐりあえる。南無は機のかた阿弥陀仏は法のかたと、いろいろ説明はあるけれども、しかし機法が一体になりますと、「なんまんだぶつ」で親子の対面ができるわけです。親と子供は別だけれども、「お母さん」というところに親と私との連絡がついて、心が安らぐのでしょう。そのごとくに、「なんまんだぶつ」というところに、私は壊れる命でない、壊れぬ法の命から出ていたという安心感が持てるわけです。

永遠不変の法の中

それからまた、子供はいつ母親を呼ぶかというと、達者で遊んでるときはあまり呼びません。転んだり怪我したり、いろいろ困ったときに「お母さん」と呼ぶ。そのように、我々の人生に障りやら困ったことやらがいろいろとあるときに、「なんまんだぶつ」と呼ぶという仕掛けにしてある。我々は親の仕事をまぜ返しているから、法の世界がわからんのであって、困ったときに「なんまんだぶつ」と親を呼ぶことによって、お前がいくらまぜ返しても、法は永遠不変のものだから、まぜ返してもだめだ、私というものは私の力で生きているのではない、法の命で生きているのだと、そういうことが困るごとにいよいよ深まるような仕掛けがしてあるのです。

病気の子供ほど母親を慕いますねえ。だから我々も、弱いほど、罪の多いほど、障りの多いほど、「なんまんだぶつ」というところに、親と通いあえるのです。我々は高上りしているのです。自分が一人で独立したような顔をしているが、本当いうと、吸うて吐く息、ひと息も、私で自由にならないのです。それをいつの間にか万物の霊長だなどと高上りしているけれども、しかし、どんな偉い人でも、何か出てくるとやっぱり困るわねえ。その困ったところで、阿弥陀さまが「お前はわしの子供で、わしのする通りに生まれて、決まった日に死ぬのだ。けれども、お前はわしの仕事を自由にしようとしているではないか」と、その自由のできないところに、下からお呼び出しがあって、いよいよ自由のできないところに、「私の力は何にもなかった、みんな法の子供であった」と知らせてくださるのです。「妙法蓮華経」の妙法とは、すぐれた不思議の法ということですが、その法の中から華の咲いたごとく、「私は五十年の命でない、無量寿の命の中に、ここにいるのだ」という安心感を与えるために、私たちにお念仏が与えられてあるわけです。

だから、南無阿弥陀仏を説明していうなら「お母さん」でいいんですよ。学問的に言うと、たくさんの学者がいろいろと説いていますけれども、そんな説明がいくらわかっても、救済にはなりません。八万の法蔵を知っても救済にはならん。たとい一文不知の者であっても、後世を知る人、「ああ、法の命から出ていたのだ」と知った人の方が知者なのです。それから、困った者もやっぱり法の命から出ているのだから、何とかそういうことを、その障りを種子にして教えてやろうというのが、阿弥陀さまのお慈悲なのです。それを知ったときを、前念が死んで後念即生というわけです。そうすると、煩悩が仏わざということがわかるから、煩悩菩提体無二、煩悩即菩提。その煩悩は私のものだということなら、菩提になりませんねえ。

貪愛瞋憎の雲や霧が仏さまのものと、いったん承知すれば、貪愛瞋憎は出たままで、手が要らんのです。仏さまの世界からいうと、太陽の回りに雲や霧が出るのも、これは自然現象で仏さまのものですよ。いっぺん本当にそれが承知できれば、腹立つということがあっても何の手間も造作も要らんのです。だから私のものは何にもない。「仏法は無我にてそうろう」ですからね。こちらがまぜ返している間は雲や霧が見えるけれども、親に遇うてみると娑婆が即寂光土なのです。五濁悪世がそのまま如来の世界なのであって、五濁悪世の機がそのまま法なのです。

雲や霧が見えるのは仏さまの目でしょう。心でもそうです。かつて失敗したことを後悔して「ああ、あの時あんなことをしなきゃよかった」と言うが、その後悔する心は、私個人で所有しているものではないでしょう。他の人もみんな「あの時あんなことしなきゃよかった」と思っている。千年前の人も思うていたのです。そうすると、あなたのその心が仏の心です。あなたの心ではないのです。どの人でも、同じことが出たら、みんなそう思うのですよ。

愚禿悲歎述懐和讃

浄土真宗に帰すれども

ご承知のように『愚禿悲歎述懐和讃』は親鸞聖人が晩年になっておつくりになられましたご和讃で、全部で十六首ございます。九十歳近くになられた親鸞聖人のことですから、嘘も言わない、愚痴も言わない、腹も立てない、そういう立派なご心境かと思いますと、そうではないのだということが書いてあります。それなら親鸞聖人はどこでお助かりになったのだろうか。こういうことをここでいただきたいということで、最初の五、六首をご一緒に拝読したいと思うのです。

まず最初が、

浄土真宗に帰すれども　　真実の心はありがたし
虚仮不実のわが身にて　　清浄の心もさらになし

「浄土真宗に帰すれども」ですから、阿弥陀さまのご摂取の中にいることを知らせてもらってはいるけれども、毎日の生活はどうであるかというと「真実の心はありがたし」。浄土真宗に帰して阿弥陀さまの摂取の中にあるけれども、私には真実の心があり難し、こう言われるのです。心がころころと変わりどおしに変わる。うれしかったり、悲しかったり、憎む心が出たり。浄土真宗の、阿弥陀さまの摂取の中にいさせてもらうことを教えてもらったけれども、毎日の出る心はころころ変わりどおしだ。それを「真実の心はありがたし」と言われたのでしょう。

「虚仮不実のわが身にて、清浄の心もさらになし」。虚仮不実というのは、真でない、まことでないということ。私からいたしますと、毎日、これも変わりどおしで嘘いつわりばかりだというのです。真実ということは壊れないということです。真実の心はまったく壊れることがない。金剛心と申しますね。ところが虚仮不実の私の心はころころと変わる。これで大丈夫だと思っても、またしても、ころころと出る。永遠性がないのです。そして「清浄の心もさらになし」。ご和讃に「清浄光明ならびなし」とあったでしょう。清浄というのは、人間的にきれいだとか汚いとかということではないのです。清浄光明というのは狂いがないということです。仏さまの世界には狂いがない。しかし私の心はころころと変わりどおしだ。それで私たちは苦悩するわけです。

こういう親鸞聖人の告白をお聞きしますと、何かこう、うれしいですね。「そうですか、私もそうなのです」というところで親鸞聖人が懐かしくなります。これが「わしは腹も立たないようになった、いつ死んでもいいようになった」と、そういうふうなことを言われると、どうもついて行けないでしょう。いつ死んでもいいなどと思っていても、病気か何かが出ると、もう困ってしまってどうにもならない。周りの者がそうなっても、たとえば子供や孫たちが病気になったりすると、夜も眠れないほど、心がころころ変わって苦悩するわけです。

親鸞聖人は自分もそうだとおっしゃっておられるのです。あなた方、お念仏に摂取されておられても、心はどうですか。もう信心をもらって何も心配はいりませんと、こうなるのですか。それとも、ころころ変わるのですか。私は自分が変わりどおしだから、このお言葉をいただくと「私もそうなのです」と大変親しみを持ちます。信心をもらって、もう何も怖れがないという方があるにつけても、そう思います。親鸞聖人は、そういうことをおっしゃらない。「浄土真宗に帰すれども」と書いてあります。浄土真宗に帰したというものの、自分の毎日の心は「真実の心はありがたし、虚仮不実のわが身にて、清浄の心もさらになし」と、こういうふうにおっしゃっておられるのです。

外儀のすがたはひとごとに

次のご和讃は、

外儀のすがたはひとごとに　賢善精進現ぜしむ
貪瞋邪偽おおきゆえ　奸詐ももはし身にみてり

「外儀のすがた」つまり表面上は、「ひとごとに賢善精進現ぜしむ」。賢い姿、善人の姿、一生懸命努力をしている姿を誰もがしておいでになるというわけです。しかし親鸞聖人がご自分の心を覗いてごらんになると「貪瞋邪偽おおきゆえ」。貪はむさぼり、瞋は腹立ち、邪はよこしま、偽はいつわり。そういうものが「多きゆえ」と書いてありますが、「多くして」と読んでもいいかと思います。そのほうが後へ続けやすいのではないでしょうか。「多きゆえ」としてあるのには、わけがあるかと思いますけれども。

貪瞋邪偽が多くて、自分の毎日の生活は「奸詐ももはし身にみてり」。奸詐というのは、ごまかしや偽りのことです。「ももはし」は漢字なら百端と書く。何から何までということ、夢の中にまでということでしょう。奸詐が何から何まで身に充ちている。夢の中までごまかしているわけです。偽りをやっている。皆さんがたはそうでもないかもしれませんが、親鸞聖人はそうおっしゃるのです。

店へお客さんが来ると、愛想よく「いらっしゃい」と言います。あいつイヤなやつだ、あんなやつとは付き合いたくないと思っていても、客ともなれば商売しなくてはならないから、笑顔を作って「いらっしゃいませ」。あれも「奸詐ももはし」のうちですね。夫婦の間でも、朝から晩までごまかしや偽りばかりで過ごしている。夫の言う事なす事が気にいらなくても、外から帰ってきたときは、やっぱりご機嫌を損ねないように「お帰り」と、ニコニコしながら言ってみますよ。そんなことを細かく調べると、体中がごまかしばかりだと親鸞聖人はおっしゃるのです。これも私はたいへん親鸞聖人を懐かしく思うことです。

もの憂くても、もの憂くないような顔をしたりしますわね。いろいろありますよ。何かにつけて辛抱しているのも、あれはだいぶごまかしているのだ。本当はもう苦しくてたまらないようなときでも辛抱している。しかも、それが善いことだと思っている。そういういろいろのことを「奸詐ももはし身にみてり」と、こういうように素直におっしゃっているわけです。

悪性さらにやめがたし

次が、

悪性さらにやめがたし　　こころは蛇蝎のごとくなり
修善も雑毒なるゆえに　　虚仮の行とぞなづけたる

「悪性さらにやめがたし」。私自身の心は、善性もあるかもしれないが、どう考えても悪性です。どんなふうかというと「こころは蛇蝎のごとくなり」。蛇はヘビです。蝎はサソリ。サソリという毒虫を私は見たことがないけれど、皆さまはどうですか。小さな虫だけれど、刺されると猛毒のために人間でも死ぬのだそうな。すぐには死ななくても、毒がまわって死ぬといいます。人間でないほかの動物なんかでもチクリと刺しておいて、死んだらムシャムシャ食べるのかねえ。

ま、ともかく蛇蝎のごとしです。私はまんざらでもないと思っているけれども、よくよく調べてみると、ヘビが蛙を呑むような、サソリが毒でもって刺し殺して食うような、そういう悪性がやめられないというのです。親鸞聖人は非常に内省が深いお方だといいますが、そういう言い方はあんまり私は好きでないです。そうではなくて、本当のことをおっしゃったのです。

皆さまでも、よく調べてみると、私もそうだと言えるのではないでしょうか。気がつかなかったけれども、そうおっしゃられてみればそのとおりだ。人さまの中で生活するために、要領よく、うまい具合に今日までそうやってきているのでしょう。しかし、中身を調べてみれば「悪性さらにやめがたし、こころは蛇蝎のごとくなり、修善も雑毒なるゆえに、虚仮の行とぞなづけたる」。真実の行ではない虚仮の行だ。こころ変わるから、善いことをしていても、それは雑毒だ。それで「修善も雑毒なり」というのです。

いつも言っていることですが、今日も私、お話させてもらっていますけれども、これ、皆さまにお話をしているのではないです。皆さまのお蔭で、私が自分をはっきりさせてもらっているのです。自分をはっきりさせてもらっているのだから、そのことを何べんでも復習したいと思うわけです。

善いこともするけれども、それには毒が混じっているという。どういうことなのでしょうかねえ。善いことをするなというのではないですよ。世渡りするには、我々は善を行なった方がいいです。善いことをしたほうが世渡りはスッスッといける。皆さまもやっぱりそうしておられるのでしょう。相手の人に言い過ぎないように、言い足りないことのないようにと心掛けます。「今日は言い過ぎたな」と思うと、夜寝てからでも気になるでしょう。言い足りなかったときは、また言い足りないことが気になる。善いことをしていかなければ世渡りができないから、できるだけ善いことをしなくてはいかんわけです。まあ、孔子さまでも孟子さまでも、身を修める道を説いておられます。学校でも以前は修身という授業がありました。やっぱり罪を犯しますと世間が渡りにくいです。

ニュースでやっていたが、若い女の人が男の人に乱暴された上で殺されたという。あんなことは何だね、もう罪はすぐ発覚して処罰されますよ。きれいな女だと思っても、見るだけにしておかなくてはいかんわね。心ではいろいろ思うかもしらんが、見るだけにしておけば刑務所に行かなくてもいい。一つには、あれは正直なのかもしれん。自分の思いどおりのことを命がけでやったのだから。しかし正直な生き方だといって褒められはしません。

新聞社もやっぱり善を勧めた方がいいから善を勧めるわけです。このごろは十万円か二十万円の賄賂でも新聞に載ります。坊さんなんかは、誰かからお金をもらっても、賄賂ではない寄進だということなら、警察に引っ張られたりしません。どこだかの県知事さんだったかが、お布施をお寺に持って行ったら、賄賂だということになって騒がれたことがありましたね。十万、二十万の金のやりとりでテレビに出るようなことがあるわけです。そんなわけで、善いことをしていることは身を保ちやすいのだから、修善は大いにしなくてはいけません。しかし、その修善が雑毒だという。毒が混じっているというのです。もう一つ、それは虚仮の行だということなのですが、どういうことなのでしょうか。

これは皆さまがた、誰でもいいですから、一つお考えを聞かせてください。お互い御同行御同朋で、長く聞いたも短く聞いたもないのです。自分で思ったことをおっしゃってもらえればいいのです。話をたくさん聞くこともいいが、何か一つはっきりすれば、それがいちばんいいわけですから、どうぞ何かご発言ください。ものを言わなければ得を取りません。他人が聞いているなどと思わなくていい。そういうことがおかしいのです。誰もいないのだ。死ななくてはならない私がここにいるだけです。

お釈迦さまも周りの他人は誰もいなかったわけです。王子さまであっても、何もなかったのです。周りの者が死んでみせるのを見て、こっちが脅迫されて、死の問題を解決つけなくては私の魂が助からないといって城を出られた。今もそうです。皆さま、死ぬのは一人なのだ。誰もついて来てくれません。心中して二人一緒に体をくって死んだとしても、魂がもしあるとしても、一緒に行けるかどうかわかりませんよ。保証はできません。

ああ、そちらのOさん。ご発言ですね。

「修善が雑毒だというのは、何か善いことをした場合にお返しを待つような気持ちが雑毒ではないか」とおっしゃるのですね。

善いことをしても、善いことをしたというところにお返しを待っているから、相手に対する本当の善ではない。「これだけしてやったのに」と、わが子にでも要求している。だから雑毒ではないかとおっしゃる。それもそうでしょうね。

もう一つには、善いことするということは自分の身を守るために上手にやっているのであって、結局は自分が世渡りをうまくしていこうというエゴが上手なのです。善だ善だというけれども、その中身をいえば、上手に生きたい、長生きしたい、うまく世渡りしたいという、そういうエゴがはたらいているわけです。だから善なんかするなというのではありませんよ。善はしなければいけません。上手なエゴをしなくてはいかんけれども、仏法では、それは善とは言わない、楽なことだと言う。世渡りするには上手なエゴをやったほうが楽なのです。自分で楽をしているのですから自慢はできません。そうすると、お返しということよりも、自分自身で楽になることをしているのだから、恥ずかしいかもしれないけれども、そうせずにはいられないということなのですね。

善いことをするのは楽なこと

一昨年八十八歳だかで亡くなられましたが、九州の宮崎に藤本さんというかたがおられました。千人ほども従業員がいる林産会社を経営しておられた。この人、山林を買い込む時に一億円のところを一億一千万円支払ったというのです。それで、売る時になると一億円のものを九千万円で売ったのだそうです。そうすると人が褒めます。そんなこと、私なんかにはとてもできませんわ。一億円の山林に一億一千万円支払ったら、何だか大損なような気がします。しかし、実はそのためにじっとしていても良質の材木がサッサと入ってきたのだそうです。

それから売る時には、一億なら一億の材木を一千万円安くして九千万円で売る。そうすると楽なのです。どうしなくてもスースーと売れていく。そうやって商売を回転させていかれたらしいのです。なんとまあ横着な、しかし、そうせずにはいられないと言っておられました。この人は、これは雑毒の善だ、本当に恥ずかしいことだと、ただ念仏していらっしゃいました。横着だと思っても、それを言って行く所がないし、「罪はいかほど深くとも我をたのめ」とおっしゃるのだからと、念仏三昧しておられた。この頃は息子さんが会社をやっておられるが、とても親父さんのようにはいかんと言っておられました。それで、自分の足であっちこっちへ注文を取りに回っておられるのだそうです。

善いことをするのは楽なことなのです。だから皆さま、今日から嫁さんのご機嫌をとりなさいよ。嫁さんの悪口を言っているのは、あれは下手なのだ。何でもいいから嫁さんを褒めれば今夜のおかずはちょっといいのがつく。嫁さんもまた、おばあちゃんを手の上にあげなさい。どこだかの嫁さんが「うちの姑は、ひどいおばあさんで」と言ったから、私、「ああ、おばあちゃんね、手の上に載せて回しなさい」と言ったら、喜んで帰って行った。二、三日したらまたやって来て、「うちのおばあちゃん、デーンと座っていてなかなか回りません」と言っていましたがねえ。

雑毒の善

雑毒というのは、エゴが上手なのです。やっぱり自分を保護するためにやっているというところに雑毒というような言葉が使ってあるのでしょう。でもまあ、皆さま、それをやりなさいよ。やることが世渡りの上手な道なのですから。今まで下手なことをやってきたなと気がつけば上手になるのです。「嫁さんが言うことを聞かん」とやら「このごろの嫁は」とやら、そんなことは言わないことです。このごろの嫁は、このごろの人なのだ。だからおばあちゃんは頭を下げて、ありがとうありがとうと言えばいいのです。それができないという。できなくても、それが得なことなら、やったがいいじゃないですか。俗諦門とはそういうことです。それは勧めてありますけれども、エゴが入っているというところに雑毒の善とおっしゃるのです。それでまあ一つは解決します。

もう一つ、その次の「虚仮の行」というのは何でしょうか。「修善も雑毒なるゆえに」ということと関連して、「虚仮の行とぞなづけたる」。虚仮というのは長続きしない、ころころ壊れていくのが虚仮です。善いことをしたのが、なぜ虚仮の行なのか。善いことをすれば、それでいいではないですか。

そちらで手を挙げられましたね。Sさんですか。

「善いことをしても相手の心に届いていないから虚仮の行なのではないか」とおっしゃる。なるほど、それも結構ですね。

それからOさんですか。「雑毒の修善は親元に行く手だてにはならない」と言われるわけですね。それも結構。

そこで、いったい仏法の救いというものはどういうものであるかをはっきりしておかなくてはなりません。善いことをしても仏法の救いに対して届かないのです。相手が人間ではなくて仏さまなのだ。仏さまは壊れない人ですね。我々は壊れることが怖いのでしょう。お釈迦さまは王子さまであっても、壊れることが怖くて城を出られたのです。そして悟りを開かれた。つまり「私は壊れない命から出ていた」とおわかりになったわけです。それが主体なのです。

先ほど皆さまとご唱和した『三帰依文』に、

自ら仏に帰依したてまつる。まさに願わくは衆生とともに、大道を体解して、無上意を発さん。

とありました。「大道を体解する」と書いてありますね。小さな道とは書いてありません。大道というのは、無量寿無量光ということです。「私は無量寿無量光の壊れない命から出ておりました」ということが、お釈迦さまにわかったのです。いいですか、それが根本なのですよ。

我々の苦悩は罪悪深重煩悩熾盛の衆生であるというところにあります。罪悪深重というのは、あらゆる罪悪を犯して生きようとしているのでしょう。私たち、こうして年を重ねて生きてきた分、たくさんの命を食べてきたわけです。罪悪深重です。しかし、いくら罪悪を犯してみても、たくさん食べれば食べるほど命が減っている。煩悩熾盛の熾というのは、火と燃えさかるという字です。皆さまがたもお釈迦さまも、あらゆる人が人生五十年百年で安心ができなかったということは、罪悪深重煩悩熾盛なのです。

生きるというには、生き物を食べなければ生きられません。私は悪いことなどしていない、ニュースで見た男みたいに女の人に乱暴して殺したりしていないというが、女の人を殺していなくても、魚を殺して食っている。牛を殺させて食っているでしょう。あれは、殺させて食ったほうが罪は深いのです。ともかく生きるということは、生きたものを食うということだ。そうすると罪悪深重でしょう。そんなことは考えたこともないという人があるなら、まあ今日考えればいい。わしは善い者だと思っているけれども、調べてみれば罪悪深重です。そうではないでしょうか。すき焼きでもするときのことを考えてごらん。テーブルの回りに赤鬼や青鬼が舌なめずりしながら、人に殺させた牛の一番おいしい肉が煮えるのを待ちかまえていて、片っ端からうまいうまいと食べている。誰でしょうかね、赤鬼青鬼は。これ、罪悪深重ですよ。我々の体そのものが罪悪深重なのだ。

その報いは必ずきます。長生きしただけたくさんの命を殺しているのだから、私らのような年寄りほど地獄の底深くに行くと思いますなあ。そうじゃないでしょうか。あんまり褒めたものではないです。日本は長寿国だといって威張っているが、日本ほど罪悪深重の国はないわけだ。それなのに、年取ってこれだけ命をいただいて生きたのだから、よろしゅうございます、はい死にましょうという人は、一人もいません。私をはじめ、だいぶお年寄りがここにおいでになるが、年を取ると敬老の日とかに市から座布団やなんか贈られますわ。「ありがとう」といって座布団をもらっているが、あれは葬式の香典みたいなものだね。柔らかくて結構ですけれど。

そうすると、『歎異抄』の初めに、「罪悪深重煩悩熾盛の衆生をたすけんがための願にてまします」といってあるのは、人のためではない、私のためだったのですねえ。

話をもとに戻しましょう。

「修善も雑毒なるゆえに、虚仮の行とぞなづけたる」と、こういう。修善というのは、エゴが上手で自分を固めているのです。自分を固めますと親元に行けない。水と油のようなもので、少しでも油の性があると絶対に水と一体にはなれないのです。我々は油の性ぐらいではない、他人を見ると「あれはろくな者ではない、あんなやつは」と言って、自分が善い者になっています。それは親元に行けないのです。

善いことは、していったほうが楽なのですから、おやりなさいよ。しかし、善いことをしたからといって、善い報いとしてお浄土の壊れない世界に行く道にはならないというのです。それでも、わしはそんなに悪いことしていないから地獄には行かなくていいはずだ、親父ほど善いことをしたわけではないから極楽へ行こうとまでは言わないが、極楽と地獄の中間ぐらいへは行けるだろうなどと思っている。それは自己免許でしかありません。

まあそういうことで、「修善も雑毒なるゆえに、虚仮の行とぞなづけたる」。何度も言いますが、修善をやるなというのではないですよ。またとない人生だ、善を修めたほうが楽だから、いよいよ善をやって生きていきましょうと、こういうわけです。善いことをしたら善い報いがあるというけれども、それは人間関係でそう言うのであって、お浄土という壊れない世界に行く道ではないということなのです。

無慚無愧のこの身にて

第四首目です。

無慚無愧のこの身にて　　まことのこころはなけれども
弥陀の廻向の御名なれば　　功徳は十方にみちたまう

「無慚無愧」というのは、天にも恥じることなく、地にも恥じることなく、人にも恥じることがない。一言でいえば、恥知らずということです。恥ということを知らないこの身であるという。この後の第六首目には、「如来の廻向をたのまでは、無慚無愧にてはてぞせん」というお言葉も出てきます。恥を知らないというのはどういうことなのでしょうか。

我々が普通に恥と言っているのは、一つには罪を犯したことが恥です。皆さまがた、あまり罪を犯していないような顔をしていらっしゃる。先ほど言ったような女の人を殺したのは罪です。しかし、仏法ではああいう罪を小罪という。罪悪深重煩悩熾盛だから、罪は多いです。けれども、こういう罪は小さな罪だというのです。長崎や広島に原爆を落としたのも小罪です。小罪だから犯してもいいと言っているのではありませんよ。そこは人間の考えと仏法の考えとを聞き分けなくてはいけません。阿闍世は、父親を殺し、母親までをも殺そうとしたけれども、お釈迦さまはそれは小さな罪だとおっしゃる。皆さまがたも罪を犯したとしても、それは小罪だ。毎日の生活の中で私たちが犯して四苦八苦している罪は小さいのです。小さな罪でも、罪は罪です。

けれども、仏さまからいうと、私たちはもう一つ大罪を犯している。その大きな罪を知らないことが恥だというのです。大きな罪が解消すれば、小さな罪はみんな解消します。『御文』に、

三世の業障、一時につみきえて、正定聚のくらい、また等正覚のくらいなんどにさだまるものなり。（五帖目六通）

ということがありますが、自分の罪だけでない、人さまの罪も、みんな一時に罪消え

る。だから仏法を聞かなくてはいかんのです。私たちが魚や牛を殺した罪は、これは消えません。私たちの過去、現在、未来の三世の業というのは、罪を犯している罰なのであって、障りがあるのです。業の障りです。それで「三世の業障、一時に罪消えて、正定聚不退転」という。

それでは、仏法がいう大きな罪というのは、いったいどんな罪なのでしょうか。それは、如来の世界を知らないということが罪です。この世界は如来さまのお仕事の国だということを知らない。この世界は、光明無量、寿命無量の大法界で、全部がもう完全無欠である。光明無量ということは仏の光は永遠の世界だということです。寿命無量というのは、永遠にそうなっているというのです。善悪浄穢などというのは、人間が枠を作っているに過ぎません。そういう如来さまの世界を知らないというのが大罪なのです。

「唯除五逆誹謗正法」というが、我々が如来さまのそのお仕事から逃れたいと一生懸命にやっているのが誹謗正法です。一切の衆生は、生まれてから死ぬるまで如来さまのお仕事を全部やっているのです。ヘビはカエルを呑んで如来の仕事、カエルはヘビに呑まれて如来の仕事。生まれて死ぬのも如来の仕事、死にたくないという心も如来の仕事。全部がそのことによって活動しているわけですが、そういう大法界を知らないことが大罪なのです。知らないものだから、正法という如来さまのお仕事に従わずに、そこから逃げよう逃げようとしているわけです。もう一つ言えば、如来に摂取されたら、逃げようという心も行いも、みんな如来の仕事になる。そうでなければ「三世の業障、一時に罪消え」ないです。しかし、私たちからいえば誹謗正法で、如来の仕事に従わずに、そこから逃げようとばかりしているのだ。

腹を立てるのも如来の仕事に従ったのです。風が吹いたから、それで波が立つ。皆さまも静かな心の時は腹は立たないでしょう。風が吹いた程度で波が立つのだから、腹の立つのが仏わざなのでしょう。けれども「腹が立ってどうにもなりません」と親さまに文句を言っている。それを総ぐるみに助けてくださるのです。

阿弥陀仏のご本願というのは、どこかに四十八願があるのではなくて、私にあるのです。法蔵菩薩が人間の代表となって、この私のほんとうの願いを書いてあるのです。そしてまた、この私がほんとうに救われる道が書いてあるわけです。四十八願の一番初めが「無三悪趣の願」です。

たとい我、仏を得んに、国に地獄・餓鬼・畜生あらば、正覚を取らじ。

三悪道のない世界がわからなければ、私は正覚を取らないという。正覚を取らないというのは、ほんとうの安心ができないということでしょう。

三悪趣、三悪道というのは、地獄、餓鬼、畜生ですが、どこかに地獄があるのではありません。私にとって一番いやなこと、つまり無常を地獄といってある。この私が死ぬということです。誰でも皆死ななくてはならないから、地獄というわけです。しかし、生きている間は食べなくてはなりません。食べるということで皆苦悩しているでしょう。餓鬼というのは食い気です。それから畜生は色気です。色気といっても、男と女が仲よくすることだけが色気ではないです。仲よくして子供ができれば、子供がかわいい。子供が死ぬと、親は胸がちぎれるほどに切ない。あれがみんな畜生道に入るのです。また修羅、人間、天というのがありますね。仏さまの命を私の命と思ったところから人間は罪を犯すのだ。無限の世界に自分で枠を作って有限にしたのです。いつから有限にしたかというと、お釈迦さまよりもずっと以前からでしょう。わからないのです。「無量劫より流転せる苦悩のわれらなり」とあります。その枠の中で、どうかしようどうかしようと、それで苦しんでいる。

生老病死からの救い

この間、ある人から「阿弥陀さまというのは生老病死を人間に与えて、それをたすけるというのだから、変なことですね」というありがたいお手紙をいただきました。

阿弥陀さまは、生老病死の苦悩から人間を助けるというのです。法には生老病死はありません。花が咲いて散るというのが永遠の相《すがた》なのです。ところが「我思う、ゆえに我あり」という、この私が生まれたと思うところに人間の苦悩が始まった。生まれた以上は、今度は死ぬということを知っていて、無限の世界に有限の私をつくったのです。それで、私もあんな身になるのだと、九歳にして親鸞聖人は比叡山に行かれたわけですね。他人の死によって自分の死に脅迫されて、比叡山に行かれた。人間も、二歳、三歳までは死ぬということを知りません。親たちは知っているけれども、子供は知らない。しかし、知らざるときの命も絶対無限の大法界の命なのです。

浄土真宗から言えば、阿弥陀さまのお命から出ているということです。それも小さい時は知らない。少しこざかしく自力になって、我が命と思ったところから人間の苦悩が始まるわけです。しかし、私たちはこの身が枠ですから、そこから出る方法がない。私は壊れない命から出ていると、壊れた頭で考えているだけだ。皆さまも、話を聞いて「生かされて生きている」と言っているけれども、永遠の命に生かされて生きているると有限の人間が考えているのだから、ほんとうの救いにはなりません。

だから、今日ここにいらっしゃる皆さん一人一人、有限の私に故障のない人のほうが後回しなのです。故障ができたり障りが多かったりする者ほど、徳が多い。それを宝にして永遠の相《すがた》を何とか知らしめてやりたいというのが、阿弥陀さまのお慈悲です。阿弥陀さまが生老病死をくれて、それを助けるとおっしゃるのではないです。阿弥陀さまは、生老病死もそのまま全部永遠の命から出ているのだということを、何とかわかりやすく知らせたいとおっしゃるのです。それが南無阿弥陀仏です。生老病死があるのではない、咲いて散るということが、阿弥陀さまの永遠のお仕事なのです。その無量寿の世界を教えてやろうと、光明無量、寿命無量の中から、母親としての姿をとって、生老病死で苦悩している皆さまに知らせようというのが、本願とか、お誓いとかいうことなのです。そこを間違えないようにしなくてはなりません。

頭のいい人はお釈迦さまみたいにこれがわかっていけるからいいけれども、にっちもさっちもわけがわからずに、ただ困り果てている者には、子供が「おかあさん」と母親を呼ぶように、南無阿弥陀仏とわが名を呼んでくれとおっしゃるのです。そしてまた、呼べなかったら、阿弥陀さまのほうから皆さまの口を割って呼ばせて、あなたの命も、死んだ子供の命も、無量寿の命からご用があって生まれてきた、ご用が終わった時には親元に帰ってあるぞと、そういうことを教えてやろうというのが、阿弥陀さまのお慈悲です。そこには長いも短いもない、仏さまの思し召しの世界なのです。

そんなことで、「阿弥陀さまが生老病死をつくって、それを助けるというのは変でないか」というお手紙が、私にはたいへん勉強になったのです。

話を元に戻しましょう。

「無慚無愧のこの身にて」というのは、親の無量寿の命でありながら、それを知らなかったということが大罪なのです。

ヘビがカエルを呑むのは、あれは如来さまのお仕事です。ヘビに向かって「お前悪いやつだ、心を入れ替えて、もうカエルを呑むな」といくら言っても、あれは仏わざなのです。この世の中も、ヘビとカエルですな。お互いヘビになったりカエルになったり。おばあちゃん、だいぶこの頃カエルになったわ。嫁さんのほうがヘビになっている。そういうことがわかると、また楽しからずやですね。

親の無量寿のお命から出てきた私を知らないのが、大きな罪なのです。これは永遠に知るわけにはいかんのだ。それで「まことのこころはなけれども」とおっしゃってある。まことの心がないというのは、永遠性がないのでしょう。ころころ変わって、まことの心がない。ないがゆえにこそ、阿弥陀さまのほうからそれを「知らしめてやろう」とおっしゃるのが廻向なのです。阿弥陀さまというのは相《すがた》も形もないけれども、わざわざ相をとってくださったということが方便法身でありがたいのです。ただ「阿弥陀仏はすがたもましまさず」という言葉だけをつかんで、阿弥陀さまを拝んでいるのを笑う人があるが、笑うほうが私はおかしいと思いますね。

わざわざ南無阿弥陀仏という相をとってくださった。お母さんという言葉がなかったら、お母さんとの連絡がつかないでしょう。「お母さん」と呼ぶ言葉があって、子供と親との連絡がつくように、南無阿弥陀仏というお言葉があって、永遠なる親と私との連絡がつく。皆さまがたも、お念仏を称えて連絡がついているのです。それは、称えていればいつかわかります。

この世の親も親であったけれども、もう一つ永遠に壊れない親の命から私はここにあらしめられていたということです。それが「貪愛瞋憎之雲霧、常覆真実信心天、譬如日光覆雲霧、雲霧之下明無闇」で、貪愛瞋憎の雲霧は出でましても、阿弥陀仏が私の下敷きとなって、そういう親に遇うのです。その遇う方法が、難しいことでは遇えないから、ここにこういうお念仏が用意してある。「弥陀の廻向の御名」なのです。

「弥陀の廻向」ということは、向こうからお出ましになるのだ。困った時に向こうから廻向されるのです。向こうからというと、向こうからいつ出るだろうか、いつ出るだろうかと思ったりするが、そんなものではありません。ご飯を食べるのも、ご飯というものが先にあって、ご飯が廻向してくださって、こっちは食べているのでしょう。ご飯がなかったら食べられないでしょう。皆さまがたがお念仏を称えているということが他力なのです。

功徳は十方にみちたまう

「まことのこころはなけれども」、永遠性はないけれども。有限で困っているのでしょう。だから、光明無量寿命無量の阿弥陀さまが、宇宙全体を完全に活動していらっしゃるその活動の中から、それを知らしめてやろうと、南無阿弥陀仏というみ名をくださって、「阿弥陀さまの世界の中に私はいるのだ」ということを知らせてもらった。すなわち「功徳は十方にみちたまう」のです。

今日までのことも、人はとやかく言おうと、仏さまのお与えの一本の道を歩いてきた。我々はいろいろ善いとか悪いとか言っているけれども、阿弥陀さまに遇うと、それぞれ一本の道を歩いているのです。

だいぶ以前のことですが、ある人から私、「レコード盤には筋が何本あると思いますか」と聞かれたことがある。私は初めわからなかったから、大きなレコードにはたくさん筋があるのだろう、小さな盤には筋が少ないだろうと言ったら、その人はニヤニヤ笑いながら、「あれは一本です」という。なるほど、あれは何本もない、一本の溝の上を針がずっと通って、泣いたり、笑ったり、歌ったり、しゃべったりしているのだ。皆さま、今日まで如来から賜わった一本の道を、泣いたり笑ったり病気したり、いろいろのことをして回っているのですよ。皆さまがたは、もうだいぶ大きなレコード盤の顔をしていますわ。レコード盤の回転が止まった時には、クッと逝くのだね。それがすべて如来の活動です。

そうすると、如来の国から生まれて、また如来のご用がすんで、如来の国に帰るのです。出どころがわかれば、帰る処がわかる。後世を知るというが、初めは、未来が心配だから未来は極楽に行くと、こう前のほうに後世があると思っていたけれども、お念仏している間に、後世が文字どおり後ろに行くのだとわからせてもらうのです。

念仏というのは、どうにもならないというところに南無阿弥陀仏と出て、どうにもならないという手を一つずつ取ってくださるのだ。かつお節を削るようなもので、全部削り取られてしまうと、しまいには私というものはいないのです。私はお母さんが生んでくれたのだが、お母さんの体だって、お母さんがつくった体ではない。南無不可思議な、永遠なるお命が後ろにあったのです。そういうお命から出ているということになると、大地から物が出て大地に帰るように、また親もとに帰るのだから、明るくなるのです。また心配しても南無阿弥陀仏だ。私がたのんでここに来たのではない、向こうさまが出なさったのだから、向こうさまが決めなさった日におさまるわけです。

どんな死に方をしても、仏さまは知っておいでになる。心配が多いほど、念仏は無礙の一道なのだ。南無阿弥陀仏ということは、「わしの仕事にお前は手をかけなくていいぞ」とおっしゃるのです。手をかけても間に合わないのです。「何にも知らんでもいいぞ、お前は知らなくても、ちゃんと息をしているし、腹も減っているでないか」とおっしゃる。知って助かるのではない、知らなくてよかったのです。

阿呆だからわからないのではなくて、賢いからわからないのだ。わからないものをわかろうとして、長い間苦労していたのです。わかって生まれた人は誰もないでしょう、わからない先に生まれていたのです。わからない先に阿弥陀さまのほうで南無阿弥陀仏が用意してあった。そうなると「功徳は十方にみちたもう」。この宇宙全体がそういう世界であったと知らされてくる。それを親鸞聖人は歓ばれたのです。

親鸞聖人は二十年間比叡山で修行なさったけれども、自分の力が間に合わないというところに、お念仏にお遇いになられた。そうして、お念仏によって等正覚というお釈迦さまの悟りと同じところに行かれた。それを親鸞聖人は「如来大悲の恩徳」と言われたのです。お念仏のお誓いのあったお蔭さまで、正覚と等しい世界を知ることができましたということです。

お釈迦さまの悟り

それなら、お釈迦さまは、どういうふうに正覚を開かれたのか。

お釈迦さまは、ともかく先祖からずっと私の命であると思われたのでしょう。だから周りの人の死んだり病気したりしたのに脅迫されて、自分もあんなになったらどうしようかという不安を抱かれた。王子さまであっても、やはり死ぬのです。そして、こっそり城を出られた。山に行って勤苦六年の修行をなさったといいますが、必ずしも六年ではなかったかもしれません。あれは地獄、餓鬼、畜生、修羅、人間、天上という、六つの有限の世界をさすのでしょう。

地獄という世界は、無常つまり死ぬということに苦悩する世界です。わしは達者で結構だというのは、まだ人間にならないのです。明日をもわからない者が、達者で結構だと言って地獄にあぐらをかいているのを地獄人というのだ。餓鬼人は、金があって結構だと言っている。子供の財産のことまで考えて安閑としているのは、餓鬼道にあぐらをかいているのです。家庭円満で「あの家は喧嘩ばかりしてる」と他人を笑っているのは、畜生道にあぐらをかいているわけだ。修羅とは、地位や名誉が高くて、他人を見下す。髪の毛が「わしは偉いが足の裏はいやしい」などと言っているようものです。ともかく、そういうところであぐらをかいているのが、地獄、餓鬼、畜生、修羅です。

その次に人間が出る。これは、そういうところに安定することができないという苦悩を持つのです。天上界というのは、お釈迦さまみたいな人だ。天人でも頭にかざした花がしおれるというのだから、天上界にも無常だけはあるわけです。天人でも頭にかざした花がしおれるという。これ、いい表現ですね。だから人天と書いてあります。「国土人天之善悪」というが、善悪というのは有限ということです。仏さまの世界に善い悪いなどはない。有限の世界に苦悩しているから「国土人天の善悪」、それを何とかして救いたいと、願いを建てられた。

皆さんは、善いとか悪いとかで苦労しているのでしょう。長いとか短いとか、金持ちだとか貧乏だとか。仏さまの世界にそんなものはないのです。小さいも大きいもない。スミレの花は、小さくてもちっともひがんでなんかいないでしょう。毎年静かにあの姿で咲いています。ヒマワリの花は、大きくても威張ってなんかいない。人間が「私」を立てたから、大小、善悪浄穢で苦悩しているのです。それが「国土人天之善悪」ということで、そこで苦悩している。それは私が有限にしたところから出てくるのです。その有限を破らなくてはならないわけだけれども、自分で破る力がないわけです。

そんなわけで、お釈迦さまが六年のご苦労をなさったということは、六道というところから言葉が出たのでしょう。私はそう思うのです。十年だったか、三年だったか、そこはわかりません。そして、六年間勤苦されたから苦悩がとれたのではありません。いくら修行をしても、やはり食っただけ命は減っている。気に入らないことがあれば、口には出さなくても、やはり腹は立つ。お釈迦さまも、いくらやってもどうにもならなかった。もうまったく無救済のところに、「お前がいるのではない、お前は大法界から生まれて大法界の中にいるのだ」と、そういう声が後から聞こえて、「ああ、奇なるかな奇なるかな」とおっしゃったのです。「ああ、不思議なことだ」というわけですね。これはやっぱりそういうお悟りです。正覚です。念仏はしておられません。念仏はいらないのです。

そしておっしゃったのが、「天上天下唯我独尊」。その「唯我」というのは、お前たちと違って、私一人が尊いと、そんなことではありません。死のない国、病気のない国、三悪道のない国を探して回ったけれども、どうしても見つからなかった。お釈迦さまは、その助からないところに、我々から言えば無救済のところ、にっちもさっちもいかんところに、後ろから親の声が聞こえたわけです。「唯我」の我というのは、法身の我です。「ああ、私は法の身であった」というのが「独尊」です。比べもののない尊い法の身、法身であったという喜びでしょう。

法身の子

「弥陀成仏のこのかたは、いまに十劫をへたまえり、法身の光輪」ですから、法身であるということがおわかりになったのが「弥陀成仏」です。それがおわかりになって、それでご覧になったら、もう全部がその法の世界から出ていたのです。電気で譬えていえば、五燭の電灯でも百燭の電灯でも、また扇風機でもテレビでも、みんなそれぞれ違ってはいるのですが、しかし電源は一つです。この世の中もいろいろな違いはあるけれども、その永遠に変わらない電源のような法界は一つです。そうすれば、人間でも、山川草木でも、一つです。

「有情非情同時成道、草木国土悉皆成仏」という。有情は生きているもの、非情は死んでいるもの。それがそのまま仏になったというのではありません、見方が法身に見えたのです。山も川も草も木も、みんな法の命から出ていると、私の心に見えるようになったというわけです。我々の知らない天体の全てまでもが、阿弥陀さまの法の活動と見えたというのです。それを自利利他という。

相手を助けるのではないのです。私が法身の子だとわかったら、もう世界中がいっぺんに、みんな法身だったのだ。自利利他になったのでしょう。

みんなそこから出ているのだけれども、自分の枠の中で四苦八苦している。それを見て阿弥陀さまが、何とかこれを知らしめて楽にさせてやりたいという大慈悲心をおこされたのです。

『三誓偈』というのがあります。「私がその世界に入ったなら、どんなものにもみなこの光があるのだということを何とかして知らしめたい」と誓われた。しかしそれも、難しいことをしてはわからないです。赤ん坊が転んで泣いていた。その赤ん坊が「かあちゃん」と言ったら、母親が飛んで来た。病気をしてもそうです。困れば困るほど、赤ん坊は「かあちゃん」と自分の身をも心をも生んでくれた母親を呼ぶ。転んだとき、病気をしたとき、困ったとき、生んだ親の名を呼んで、親に接近して行くのでしょう。罪を犯した人は、自分の故郷に帰って行くといいます。あなた方でも、お嫁に来て何十年経っても、やっぱり生まれたところを思うでしょう。親兄弟に死なれても故郷を思う。

それでお釈迦さまが、「ここだ」と手を打たれたのです。法蔵菩薩とか、阿弥陀仏とかいうと、わかりにくいから、お釈迦さまにしておきましょう。この世の親は壊れるけれども、全宇宙、壊れない大法界から、私は壊れない親として立って、そうして子供が「かあちゃん」と親を呼ぶように、わが名を呼ばしめようと、南無阿弥陀仏という名前を見い出されたのが、ご本願のお誓いというものです。

それがずっと三千年続いているわけです。いいですか。「助けてください、南無阿弥陀仏」から入るけれども、いくら念仏してもいよいよ助からないところに、もう助けは絶対にないというところに、親は待っておいでになるのです。地獄の下で待っておられるのだ。地獄の上で待っていると、また落ちます。落ちれば落ちるほど、その下に阿弥陀仏は待っていらっしゃるのです。「障り多きに徳多し」で、罪障に責められて行き場所のない者のために地獄の下で待っておいでになる。そういうことが南無阿弥陀仏なのです。それなら難しくはないでしょう。子供が死んで胸がちぎれると、南無阿弥陀仏と念仏している間に、その障りが宝になって、等正覚というお釈迦さまのお悟りと同じ三つの宝をいただくようになるのです。

お釈迦さまの悟りといっても、このほかにはありません。私がいると思ったけれど、私がいるのではない、阿弥陀さまのお命からここにあらしめられているのだという、後世がわかるのです。「八万の法蔵をしるというとも、後世をしらざる人を愚者とす」という、あの後世とは、その出どころがわかったということ。それが智者というものです。そうすると、「智慧海のごとくならん」というその智慧も、何でもわかる知恵のことではないです。我々、いつ死ぬかもわからないし、どんな死に方をするかもわからないし、明日どうなるかもわからないのでしょう。今、二人居眠りしていらっしゃるが、あれはだいぶ疲れたから眠りなさいという如来の智慧で眠っているのだ。

ともかく、全部如来の智慧で完成しているのです。如来の智慧でのろのろやっているのです。そういうところをまた「大衆を統理して」だ。大衆がそれぞれ如来のお命の中に統理されているわけです。

こういうことで、「おかあさん」と呼んでいる間に、親鸞聖人は、このご本願の大悲の恩徳は「身を粉にしても報ずべし、師主知識の恩徳も、ほねをくだきても謝すべし」と、もうお礼の言いようがない、本当にご恩うれしや、ありがたいとおっしゃったのでしょう。そういうところに「弥陀の廻向の御名なれば、功徳は十方にみちたもう」というご和讃のお心をいただくわけです。

無縁の慈悲に遇う

だからといって、いつも笑ってばかりいるのではないです。腹が立つことも、如来の電源から出ている。だから、いくら立ててもいいのだ。そしたら、「いくら腹立ててもいいですか」という人があるから、私、「それならちょっと立ててごらん」と言ったのですが、やっぱりすぐには腹は立たないのです。堪忍して堪忍して腹を立てないようにするのもいいが、立ててもいいということになると、立てると立てんでは、立てないほうが楽だから、少しは立たないようになるかもしれない。そして今日まで腹が立ったことまでも掃除ができますよ。だから、「三世の業障、一時に罪消えて」で、ころころ変わったままが、みんな電源から出ているのです。そういうふうなことが「正定聚不退転に住す」。こう『御文』が読めていくわけです。

「弥陀の廻向の御名なれば、功徳は十方にみちたまう」ということは、一切が如来さまの活動になったわけです。だからといって善悪浄穢がないのではないです。善悪浄穢があったまま救ってくださる。皆さまがたも、やはり善悪浄穢がありますね。

きのう、私のところへ竹下先生が来られまして、お話をうかがったのですが、先生が刑務所にお話しに行かれたとき、お話の後で受刑者のかたたちに、「何でもおっしゃってください」と言われたのだそうです。そしたら、一人の若い人が手を挙げて、「先生たちは隠すことが上手で横着だから刑務所に入っていないが、わしらは隠すことが下手だから刑務所に来ているのだ」

と言った。言われてみて感心した。本当にそうだと思う。それで、

「私も隠すことが下手になったらここにお邪魔しますから、今日のよしみで、その時にはよろしく頼みます」

と言ったら、みんなが喜んだ。続けて、

「それにしても一つ不審なことがあります。刑務所は正直な人が来る所だから、皆さんニコニコしていればいいのに、何だか不平そうな顔をしている。これがどうもわかりません」

と言われた。そうでしょう。刑務所は正直な人が来る所だ。思った通りにパンパンとやったのだ。また裁判所では、その正直さの程度で刑を決めたのでしょう。正直さのために死刑にもなるわけです。それで、

「皆さん、正直の程度によってここに来たのだし、正直の程度で刑を決められたのだから、まあゆっくり、安心してここにおりなさい」

と話したら、「なかなかおもしろい先生じゃ、また来てくれ」とみんなから言われたのだそうです。そんな話をきのう竹下先生からお聞きしました。

「功徳は十方にみちたまう」と仰せになる。私は自分の作った善悪浄穢の枠の上で苦しんでいるのだけれども、如来さまの世界は、花が咲いたら散るということが永遠の活動なのです。「咲いたら散る」というと、我々の場合は命が短いとか長いとか言

うが、仏さまの電源からすれば、朝顔は朝咲いて夕方しぼみ、桜は四、五日で散る。雀はチュンチュン、烏はカアカア、ちゃんと法則どおりにいっているのです。

しかし、その裏が本当に読めているかどうか。雀はあの姿をとると、もうチュンチュンしか言わないでしょう。あれが、法が出ているのです。いくらほかの声を出したいと思っても、絶対に出せないのだ。つまり、私たちも絶体絶命のところにしか仏さまに遇えないのです。私は仏さまよりも自由にやっていると思っている間は、まだ仏さまに遇えない。障りが多くてどうにもならないという絶体絶命のところに、仏さまに遇えるわけです。それを「無縁の大悲」といいます。

無縁というのは、こちらには助かる縁がないということです。だから、「お前の助かる縁がない」というの、仏さまの慈悲の言葉なのです。私たちは逃げたいいっぱいでしょう。それを「逃げられはしないぞ」と言われると、なんと残酷な言葉だろうと思うけれども、逃げられないということが仏さまのお慈悲なのです。救いはないということが、お慈悲です。私たちは救われたいのだ。しかし、その救われたいということは、親の仕事から出ようとしているのだから、誹謗正法に他なりません。

無縁というところに、「私の命でなかった」と生まれ変わるのです。「私は法の命でございました」と、法から生まれた私がわかったら、また法のお決めあそばした日におさめてもらうのです。そういうところに今度は、南無阿弥陀仏の中に三願転入という三つの段階を私たちに知らせてあるのです。だから、これも難しいことではないのです。

そうすると、このまま心がほどけるわけです。第一の願は「三悪道のない世界がなければ私は正覚とらない」と誓われた。第二番目は、「不更悪趣の願」。三悪道を取り替えて助かるのでは、また元に戻るから、替えないまま、三悪道のまま助かる。それを「そのままの救い」というのでしょう。それなら、このままで助かるのかというと、我々ちっとも救われていません。この無縁の大悲という、にっちもさっちもいかんというところに、その下に仏さまが待っておいでになるわけです。雀はチュンチュン、烏はカアカアが、仏さまの声です。それで機法一体になるのです。機は表現、あらわれです。その機と法が一体の南無阿弥陀仏、これが十八願です。機法一体になるところに「功徳は十方にみちたまう」と、こういうことになるのです。

聖道の慈悲と浄土の慈悲

大悲に対して、中悲とか小悲とかということがあります。中悲は、法縁の慈悲というのです。小悲は衆生縁の慈悲心です。人助けしたり、いろいろな人間関係における慈悲の心があります。しかし、それは大悲から言えば、小さな縁なのです。だから、どんなに親切にしても、末通らない。お医者さんが一生懸命に治療してくださっても、死んでいくものは死んでいきます。

『歎異抄』の第四条に、「聖道の慈悲」と「浄土の慈悲」というのがありましょう。聖道の慈悲というのは、有限な人間界の慈悲ということでしょう。

聖道の慈悲というは、ものをあわれみ、かなしみ、はぐくむなり。しかれども、おもうがごとくたすけとぐること、きわめてありがたし。

皆さまがた、自分の身を一生懸命にかわいがっているけれども、思うがごとく助けとぐることはできない。やがては死ななくてはならないのです。お医者さんに親切に診てもらって命が延びたというのは結構だが、それを小慈といってあります。聖道の慈悲というのは、慈悲には違いありませんが、それは個人の救いというようなものでしょう。それでもって自分は助かっても、相手が助かるところまではいきません。みんなお釈迦さまがなさったように一生懸命に聖道門に励むなら、人々もまたそれに付いて行かなくてはならないから、なかなか助からないです。

しかし、お釈迦さまは、そこに浄土の慈悲を我々にくださっているわけです。

浄土の慈悲というは、念仏して、いそぎ仏になりて、大慈大悲心をもって、おもうがごとく衆生を利益するをいうべきなり。

お念仏が出るまでには、みんな骨折るかもしれません。それでも今日いらっしゃる皆さまは、親が死んだときに一声ぐらい南無阿弥陀仏と言ったことがあるかもしれんから、それはそれでもいい。眠っていても毛穴が仏法を聞いているのです。南無阿弥陀仏は毛穴からでも入る。いっぺん聞いたことは、困ったときにそれがよみがえるのです。

日ごろ「坊主の言うことなんかわしゃ聞かん。ナンマンダブツなんかせん」と息巻いていた人が入院した。友達が見舞いに行って「お念仏しなさい」と言ったら、それをまた腹立てていた。けれども病気がだんだん悪くなって、自分で自分を支える力がなくなってきた。これは死ぬかもしれんというようなことを思ったのでしょう。あれほど「ナンマンダブツなんか言うものか」と言っていたのに、「ナンマンダブツ、ナンマンダブツ」と称えている。これで死ぬかもしれんと、「ナンマンダブツなんか言うものか」といっていた、その「言うものか」という下がとれたのです。そして、三日間水も飲まずに、「ナンマンダブツ、ナンマンダブツ、ナンマンダブツ、ナンマンダブツ」で死んで逝った人もありました。

そうすると、皆さまがたはまた、「死ぬのに近い者がナンマンダブツを称えて何になるか」と、ちゃんと考える。それほど人間は功利的なものなのです。何になるかではないのだ。もう今死ぬかもしれんと思ったときに、「ナンマンダブッ」と。これで一件落着なのです。死ぬかもしれんと思っているときに「ナンマンダブッ」と。そこに救済がある。瞬間瞬間、一言一言に救済があるのです。それを横から見て「あれはカス念仏だ」と言うのは、言っている者が言っているのであって、本人はもう念仏の恵みよりほかに行くところがないのです。

私たちは「どうせ死ぬ者が、ナンマンダブッなんか言って何になるか」と、こう算盤ではじくが、そうではないのです。皆さまがたも、何かあるとき「ナンマンダブッ」というところに、何かホッとするということは、もう最大の救いなのです。

だから、「浄土の慈悲というは、念仏して、いそぎ仏になりて」というのは、何か変わったものになるのではないのです。念仏して、私は法の命から出ておりましたとわかったのが、仏になるということです。それがどこでわかるかというと、「法身の光輪きわもなく、世の盲冥をてらすなり」ですから、にっちもさっちもいかん者には、必ず光がさすのだ。偉くなって光がさすのではありません。わからん者の、始末のつかん者の口を割って「ナンマンダブッ」と出なさるのです。それが仏になるということです。

おもうがごとく衆生を利益する

聖道門は別ですが、浄土門にあっては、仏になるというのは念仏が出たということです。それが自分の力で生きているのではないという出発なのです。掌を合わせるということが、もう自分の力ではない、法の命で出ているという証拠です。それをまた、口から「ナンマンダブツ」が出たということは、私の力で生きているのでないという証拠なのです。そして、いつの日か身も南無阿弥陀仏、心も南無阿弥陀仏、向こうさまのものになるのです。それが「帰した」ということなのでしょう。

しかし、「浄土真宗に帰すれども、真実の心はありがたし。虚仮不実のわが身にて、清浄の心もさらになし」で、我々の思ったようなキチッとしたものではない。出たまで、くるくると変わって前と同じです。それでも背後にそういう永遠に壊れない法界が待ってあるから、「雲霧の下、明らかにして闇なきがごとし」だ。一番大切な、死んだらという問題は、「親の命が私を出したのだから、また親の命に帰る」という、帰るところができたということです。

行く先は、必ず行くと言っていても、先ばかり探していても、行けるか行けないか、わからんでしょう。今日でも、あなたがたここに来たのでしょうが、帰る先を心配している人はないですよ。ただバスに間に合うか、合わんかの心配はしているけれども、帰るということは心配していないもの。それを正定聚不退転とか平生業成とかいうのです。平生にそれを知らしてもらうわけです。しかも、雀はもうチュンチュン以外のことは言えないのと同じで、困るごとに、まったくこちらの自由はないというところに、まるまる向こうさまの身であるという世界があるのです。大したことだねえ。困ったことを宝にして法の世界を教えてやろうというのが、阿弥陀さまのお慈悲ですよ。

まあ皆さまがた、まだ偉いから念仏が出ないかもしれませんが、今夜布団をかぶってそっと一声称えておきなさい。「ナンマンダブツ」、それでもういいのです。それで間に合うのです。なかなか若い間は出ませんよ。しかし子供が困ったときに「お母さん、お母さん」と言うように、障りの多いほど、お念仏が出てくださる。そして称えている間に何を教えるかというと、お前がいるのではないということなのです。電灯が点いているのではない、電源があって電灯が点いている。お前が息をしているのではない、永遠不変の仏の息をしているのだということです。

一息が永遠の命と知らされる。一息が仏の息と知らされて、三世十方闇晴れにけり。みんな法界です。だいぶ世間が広くなります。しかも、あなたがた天上天下唯我独尊だが、それから見てごらんなさい。わしはつまらんやつだとか、あれは偉いとか、そんなことを言わなくても、南無妙法蓮華経の話がわかる。妙法の中、大法の中に蓮華の花のごとく、くしゃくしゃの私がいるというのだ。自分というものが一人一人壊れないお命の中に、如来のご用で、しかもレコードのように、これはみんななくてはならないのです。虫の息であっても、まだ如来さまの必要があるから出るのです。こういうことになる。

皆さん、自分のいるところがお浄土の真ん中だが、お浄土というのは、笑ってばかりいるのと違いますよ。どろどろの、この生活が、そのまま仏さまのお命の中にいるということだ。取ろうと思うからどろどろだけれども、それは摂取された人、汽車に乗って走っている人を見たことがないようなものですねえ。摂取されれば、そこが親のお手の中ということなのです。あなたがたのいるところが南無阿弥陀仏だ。悲しいときには泣いているのが、また仏の命でしょう。

寂しきは寂しきままがそのままが　今朝咲きそめし秋海棠の花

きのう行ったお寺に掲示してありましたが、これ私の歌です。

寂しきは寂しきままがそのままが　弥陀の命のみながれさまよ

という歌もあります。寂しい心が阿弥陀さまのその時の真でしょう。人間、笑ってばかりいるのも、また変なものです。まあ、腹が立ったときには、やっぱり立つわけがあるのです。痛いままの南無阿弥陀仏、寂しいままの南無阿弥陀仏、せつないままの南無阿弥陀仏。それを、そのままの救いというのです。

お話は、『歎異抄』第四条のところでした。

浄土の慈悲というは、念仏して、いそぎ仏になりて、大慈大悲心をもって、おもうがごとく衆生を利益するをいうべきなり。

浄土の慈悲というのは、浄土の、壊れない世界のところから光がさす、そういう慈悲です。いそぎ仏になるというのは、普通と違った人間になるのではない、ゼロになるのです。そうして、みんな法の命が出ていると知らしていただくということが「仏になる」ということです。そうなると、「大慈大悲心をもって、おもうがごとく衆生を利益する」のであって、なにもよそから引っ張って来なくてもいいのです。みんな仏さまの命から出ているのだから、いっぺんに助かってしまう。聖道の慈悲は、修行して自分が偉い者になるわけですから、引っ張って来なくてはならん。自分は助かっても、女房子供は助からん。南無阿弥陀仏は、草も木も、みんな向こうのお仕事になったのです。みんな電源から出ている。そして、

今生に、いかに、いとおし不便とおもうとも、存知のごとくたすけがたければ、この慈悲始終なし。

「今生」とは、五十年百年の今生。今生にどれほど哀れだ気の毒だと思っても。「存知のごとく」とは、経験なさったとおりに、「たすけがたければ、この慈悲始終なし」。願いは持っても、最後には駄目になる。長生きしている人であっても、最後はやっぱり死ぬのだ。聖道の慈悲でもって一生懸命にやりますけれども、結局はだめです。それで、

しかれば、念仏もうすのみぞ、すえとおりたる大慈悲心にてそうろうべきと云々と、こういうふうにおっしゃっておられるわけです。

小慈小悲もなき身にて

次の和讃は、

小慈小悲もなき身にて　　有情利益はおもうまじ
如来の願船いまさずは　　苦海をいかでかわたるべき

親鸞聖人になさってみれば、有情利益を思わないのではないわけです。有限のこの肉体の世界を何とかしたいと思うけれども、末通らないのです。幸せであった家が、いろいろなことがあってがらがらと壊れる。こっちは一生懸命この身を守ろう、家庭を守ろうと努力しているけれども、その甲斐もなく壊れていく。そうでしょう。子供

を亡くした人もあるし、主人を亡くした人もある。泣けど、叫べど、帰ってはきません。まあ、きょうここへ来ておられるかたは、いわゆる平和な家庭から何かが欠けた人でしょう。

その中から奮い立ってやろうとするけれども、自分もまたいつかは欠けていく。有情利益をやるのです。やるけれども、末が通らないから、「この慈悲始終なし」。始めと終わりと書いてあります。願いはあっても、最後はだめになるのです。

そこに、「如来の願船いまさずは、苦海をいかでかわたるべき」。苦海とは、生死の苦海です。生まれて死ぬという問題です。「わたるべき」とあるけれども、摂取不捨に遇うならば渡らなくてもいいのだ。親さまの生死なのですから。

阿弥陀さまの救いというのは、入れ替えの救いではないのです。そのままみんな救うのだ。摂取不捨の利益というのは、善悪浄穢そのままでいいのでしょう。そこがありがたいのですよ。

念仏もうさんとおもいたつこころのおこるとき、すなわち摂取不捨の利益にあずけしめたまうなり。

なぜなら、この世界は、みんな向こうさまのあらわれだからです。罪はいくら深くとも私だけは救う、ということは、阿弥陀さまの世界だからです。我々からいえば罪であっても、仏さまからいえば仏の仕事だもの。罪はいかほど深くとも阿弥陀さまだけは救ってくださる。向こうのお仕事だからね。罪でないのを罪だと思って我々が苦労しているからね。「私だけは救う」というその救い方は、罪を取り去るのではない、私の仕事だとして阿弥陀さまが摂取してくださるのです。

だから摂取不捨の利益というのが浄土真宗の救いです。そこは「不更悪趣の願」で、入れ替えるのではないのです。そのままの救いなのです。念仏しようという心の起こったときに、そういう救いがあるというのだけれども、それがわからんという。そんなもの、ご飯を食べずにいて腹がくちくなるのがわからないというのと同じだ。薬をのまずにいて薬の効能があるかないかわからんという。のまなければわからんでしょう。それを、もし効くならばこの薬をのもうかと言うだけで永遠にのまないのと一緒です。そうでしょう。ですから、念仏が出なさったら、もう幸せです。

『涅槃経』に「諸行無常偈」という偈文があります。『雪山偈』ともいいます。雪山童子という求道者があった。雪山（ヒマラヤ）で修行していたが、ある時まことに妙なる声で「諸行無常　是生滅法」という偈を唱えている者があったというのです。

求道者雪山童子は、この「諸行無常　是生滅法」というところに、こう思ったのでしょう。今までこの衆生の世界にいた。有限の世界にいたのだから「諸行無常」と壊れる。ところが、その「諸行無常」が「是生滅法」であるというわけです。法によってなさしめられているということです。衆生縁が壊れて、今度は法縁に遇うのです。求道者はこの言葉を聞いて心が明るくなって、誰が言ったのだろう、天女でもいるのかと思っていると、向こうから鬼がやって来た。「どなたがこんな鈴を鳴らすような声で『諸行無常　是生滅法』とおっしゃったのですか」と聞くと、鬼が「わしが言った」と答える。

まあこれは、いろんな苦労をしたことを鬼に譬えてあるわけです。やっぱり苦労したところに仏法の話が聞こえるのだ。有限の世界に、衆生の世界でどうにもならないところに仏法を聞いていると、「私の命ではない、仏に依って生かされているのだ」という真実が聞こえてくるのです。

ところが、法に生かされて生きているというが、調子のいいときはそれでいいけれども、調子の悪いときにもこれでもって真に満足と安心が得られるか。達者な人は「ああ、生かされて生きている」とわからせてもらって喜んでも、明日をも知れぬ寝たきりの病人にはちょっと間に合わないのではないか。何か偈文の後にもう一つ言葉が残っているのではないかと思って、「後半の句がありますか」と鬼に尋ねます。すると鬼は残っていると言う。

「どうかそれを聞かせていただきたい」

「教えてもいいが、わしは今腹が減っている」

「お金なら持っているから、何でも買ってさしあげましょう」

「金ではいかん、お前の血と肉とを引き換えになら教えてやろう」

求道者は、これには困ったわけです。しかし、どうしてもその教えを聞きたい。

「よろしい、私の命をあげましょう。だが死んでしまえば教えが聞こえないから、聞かせてもらった後でこの身を食べてください」

すると鬼は、再びあの妙なる声で、今度は、

「生滅滅已、寂滅為楽」

と言ったという。


「生まれて死ぬということが法の命だ」と思っている私がいた。それが、「命をあげます」ということで、その思いが死んだのです。そしたら「生滅滅已」、生滅が滅したわけです。私がいるから生滅があったのでしょう。法の命だというところで私が安心していたのだけれども、そこには私が残っている。

お釈迦さまもやはり、どうもならんというところに「諸行無常　是生滅法」はおわかりになったのだけれども、まだお釈迦さまという私が残っていた。それでも、どう

にもならないところに法の声が聞こえたとき、この世界は壊れる世界ではない、壊れない世界だとわかられたのです。だから、生滅というものは滅して「寂滅為楽」なのです。

現世利益和讃

息災延命の利益

ただいまは「現世利益和讃」をいただきました。「現世利益和讃」は全部で十五首ありますが、大変ありがたいご和讃でございます。一首目をもう一度拝読いたします。

阿弥陀如来来化して　　息災延命のためにとて
金光明の寿量品　　ときおきたまえるみのりなり

「阿弥陀如来来化して」、阿弥陀如来が私のところにお出ましになって、「息災延命のために」というので、私のために『金光明経』の「寿量品」を説いて残しておいてくださる、そういうありがたいおみ法であると、こういうことでございます。

この「息災延命」というのは、漢字からいえば、息災は災難を息めるということ、延命は命を延ばすということです。そのために、この「寿量品」というお経を私たちに残してくださってあるとおっしゃる。誰がおっしゃるのかというと、阿弥陀さまが言われるのだと、こういうわけです。いったいこの阿弥陀さまはどこからお出ましになっているかと申しますと、皆さまよくご存じのように、お浄土からお出ましになった。私たちの苦悩を取り除いてやろうとお出ましになっているわけでございますが、どういう苦悩かと申しますと、毎日毎日いろいろな災難が出てきます。それからまた、毎日が達者であっても命は縮まっております。ですから四十八願の初めに、我々の悩みのことを「三悪趣」とおっしゃってあるわけです。

三悪趣というも三悪道というも同じことですが、四十八願の初めに「三つの悪い道」と書いてあるのは、私たちの苦悩の根本が説いてあるわけです。お釈迦さまは王様の身でお城を出られた。お城の中に満足していらっしゃったら、お城を出られるはずはないのです。四十八願を建てられたのは法蔵菩薩とお経に書かれてありますが、お釈迦さまの苦悩がほどけられて、そのほどけた世界から私にもその世界を知らしめてやろうというお釈迦さまの慈悲が、もう一つは阿弥陀如来の慈悲心が、法蔵菩薩となって四十八願を建てられたわけです。そうして、私たちに南無阿弥陀仏一つで等正覚というお釈迦さまと同じお悟りの世界まで出してやろうと、そういうのが阿弥陀さまのお誓いです。

しかしその前に、お釈迦さまはまずどこで悩んでおられたかということが大事です。

どんないい薬があっても、病気がなかったら薬は効能がないわけです。私たちがいくら仏法を聞いていても、病気がなかったら仏法は時間の浪費に過ぎません。私たちには曠劫より已来、未来永劫にかけて人間としての苦悩がある。それが地獄・餓鬼・畜生の三悪道なのです。その地獄・餓鬼・畜生のない世界を作りたいという願いが、四十八願の最初の「無三悪趣の願」です。

法蔵菩薩の願いはそのままこの藤原の願いであり、皆さま一人一人の願いです。私たちは自分自身がものごころついて以来、三悪道に苦しんでいるのだということを、まず知らせてもらうわけです。うっかりすると、この自分の苦悩が分からないから、まず我々は三悪道に苦悩しているのだぞと教えていただくのです。我々の苦悩は、みんなこれにおさまるわけです。

三悪道の苦しみ

まず地獄とは何かと申しますと、死んだ先に地獄があるというのも、それはそれで結構ですが、しかし私たちにとって当面の地獄は、無常ということだと思います。百歳まで生きても、百一歳には死にます。千歳生きても、千一年目には死にます。我々としては、この身一つが私の命で、一番大切なものです。しかし、それが達者であっても刻々減っているわけです。

お昼のテレビに出ていましたが、一昨日から大阪の銀行で強盗が立てこもって、人質になった警官二人と行員と支店長さんとが今朝運び出された。また先ほどは犯人が重傷を負って病院に運ばれて、残った二十六人だかが救出されたそうです。達者であると申しましても、縁が出てくるとああいうふうに射殺されたりもする。また縁が出ますと、ああいう凶暴な犯人にもなります。あの犯人は私の姿なのです。どっちも私の姿です。私は絶対あんな人間にはならないというのは、自分で免許を下しているので、ああいう家庭に生まれてああいう育ち方をすれば、またそういう縁があれば、あれが私の姿なのです。私には関係ないのではない、全部私の姿を見せてくださっているわけです。

ですから、お釈迦さまは、阿闍世が父親を殺したときも「おまえは悪いやつだ」とはおっしゃいません。阿闍世の家に生まれていたら、お釈迦さまが阿闍世であったのです。また阿闍世がお釈迦さまの境遇であったら、お釈迦さまなのです。今ここにおられるご婦人の方が美智子妃の家に生まれておられたら、皆さんはみんな美智子妃なのです。皇太子に生まれたなら、皆さんは皇太子でいらっしゃるのだし、皇太子があなたたちの家に生まれていらっしゃったら、そこに皇太子が座っていらっしゃるというわけです。因縁所生と申しまして、因というのは、私の絶対不可抗的な因です。それに縁が出て皆さんはそこに座っておられるし、私はこうして立っているわけです。顔でもそうです。年取ったとか若いとかいうけれども、みんな食っただけの顔が出ているのだ。だから、みんなちょうどいい年ごろの顔ですよ。食っただけの年ごろの顔なのです。我々は身も心もこれだけが私の持ちものですから、何とかしてこの身を生かしていこうと四苦八苦して、苦しみながら毎日命が減ってゆくわけです。そうすると、この無常ということ、生まれて死んでゆく、あるいは病気をする、そういうことが苦悩のもとではないでしょうか。それで今、四十八願の初めに苦悩のもとを地獄として説いてあるわけです。

それから餓鬼道というのは、生きるために私たちは食わなければならない。食うということが罪なのです。口があるから食べなくてはならないのだから、食うということが苦悩のもとです。幼稚園のときから塾に出すというのも、この子が大きくなって他の人よりもよけいに、よく食えるようにしたいと、親が一生懸命になっているのでしょう。つまり餓鬼道というところで悩んでいるわけです。

その次の畜生という問題、これは愛情の世界です。この身がかわいくなかったら、いつ死んでもいいのですし、人の死んだのにそれほどびっくりしなくてもいいのですけれども、こちらが死にたくない、生きたいというのが私たちの苦悩のもとです。また、自分がかわいいように子供がかわいい。スクスクと子供が伸びればうれしいけれど、先に子供が死ぬと、もう胸のちぎれるほど切ないです。

どんな悩みでも、この三つの中には入らないものがあったら、ちょっと聞きたいですね。今日もあそこにお位牌が並んでありますが、ご主人が亡くなったかたには、ご主人のことが忘れられない。愛情が苦悩の種になるわけです。また子供を亡くした人は、その子のことを十年たっても二十年たっても忘れられずに、お盆になると涙がこぼれる。そういう愛情が、裏からいえば苦しいのです。また食うということについても、こちらが得をとりますと必ず罪を犯しています。だから金持ちほど罪は深いです。まあ普通に働いていては、そんなに儲かるものではありません。どこかうまい具合に悪知恵をはたらかせなくては儲かるはずはない。今日ここにおられるかたでも、この中で一番金持ちの人は一番悪人なのだ。相撲とりでも、横綱は一番悪人です。なぜなら他の力士に黒星をつけて自分だけが白星をつけているのだから。

こっちが儲かるということは、相手を殺すことなのです。相手に負けると、今度は恨んでいる。恨むことで苦しむのです。ともかく、我々の悩みは、わかりやすくいえば食い気と色気ですねえ。色気といっても、男女夫婦の間の生活だけではないです。

子供がかわいい、死んだ人を忘れられない、そういう愛情の世界が畜生道です。また、自分自身はこの身一つしかないのだから、ヨボヨボになっても死にたくない、あくまで生きたいという、そういうのも畜生道です。

この三つが我々の苦悩のもとです。皆さんが愚痴を言う、私も申しますが、その愚痴を見ると、みんなこの三つに入っています。皆さんが今日ここへ参っていらっしゃるのでも、腹の中に何かこういうものがなければいらっしゃる必要はないのでしょう。お釈迦さまは、餓鬼道、畜生道にはいらっしゃらなかっただろうと思うけれども、よくよく調べてみると、やっぱり餓鬼道にいらっしゃったのですねえ。

餓鬼というのは、我を食う鬼と書いてあります。皆さん、食えば食うほどヨボヨボになっていくのだ。食えば食うほど若返った人はないです。よけい食ったほどクシャクシャになっていくのだから、こんな阿呆らしいことはないです。私のほうの石川県の方言に「ダラくさい」という言葉があるが、まあ、阿呆らしいというほどのことです。我々は、食えば食うほど若返るのではなくて、よけい食うほどクシャクシャになっていくのだから、こんなダラくさいことはないです。私をはじめ、だいぶダラくさい顔のかたが並んでいらっしゃる。

それからまた、幸いに食べられたということは、もう一ついうと罪が深いということとです。みんなが働いて稼いだものを搾り取ったわけではないでしょうが、それを食べて生活している。人間は万物の霊長というけれど、あれは人間が自己免許で言っているのであって、他の動物からいえば、人間はあらゆるものを犠牲にして生きているのでしょう。魚を釣り上げたときピチピチはねるのが気持ちがいいというけれど、魚にしてみれば、顎を針でひっかけられてバタバタしている断末魔の姿です。

だから皆さんの体じゅうが、いろんな生きものの恨みで固まっていますわ。顔のあたりはイワシが恨めしいと言っているし、腹のまわりでは牛肉が恨めしいと言っている。お米だって生きていますよ。このごろは玄米を炊くお釜に蓋をしてブクブクやっているが、あれは玄米が「死にたくない、死にたくない」とブクブク言っているのだ。けれど、あれまで押さえてブクブク言わせないようにしている。そんなことで、もう体じゅうが罪だらけです。

それだけ罪を犯しながら、毎日こっちはクシャクシャになっていくのだから、これほどダラくさいことはないです。それでも何とかして生きたいのですねえ。こういうことを三悪道というのです。それで、何とかこの三悪道の苦悩を逃れたいというところに四十八願が建てられたのです。お釈迦さまは、食い気と愛情の世界は満足しておられたかもしれませんが、無常という世界だけは逃れられなかったわけです。お経に

「国中の人天」という言葉がありますが、人間と天人のことです。天人というのは、いわばお釈迦さまみたいな方が天人でしょう。けれども天人の頭にかざした花がしおれると書いてあるのです。なかなか芸術的な表現ですね。どんなお偉い方でも、寿命だけは我々と同じように縮まっていくのです。

私は、お釈迦さまがお生まれになったときお母さまの摩耶夫人が亡くなったということが、お城を出られた一番大きな原因でなかっただろうかと思うのです。お母さまが恋しい、探してもどこにもいらっしゃらないというところから、幼い悉達太子は無常ということを感じられて、お城におられても鬱々としておいでになったのでしょう。

お母さまが恋しいという裏には、私の命も亡びていくという苦悩があるわけです。お城にいても、その答えはなかったのです。ここにいらっしゃる皆さんも、ほとんどのかたがそういうものを持っておられると思います。

南無阿弥陀仏をとなうれば

「現世利益和讃」のいちばん終いに

南無阿弥陀仏をとなうれば　十方無量の諸仏は
百重千重囲繞して　よろこびまもりたまうなり

という一首があります。仏さまがたが百重千重に取り巻いて守っていらっしゃるということは、「自分が今日達者でやっているのは、みんな仏さまが守っていてくださるからだ」と、かつてはこういうふうに解釈していたのですが、仏さまというのは、そんなケチなかたではないと思うのです。大宇宙からいいますと、人間の命の長い短いというようなことは、水の泡の大きい小さいよりも、もっと問題にならないようなことです。その命を百重にも千重にも仏さまは護っていらっしゃると、こう言う。これは表の声です。護っていらっしゃったけれども、だんだん年を取ってヨボヨボになってくると、その護っている仏さまが一人逃げ二人逃げ、だんだん消えていってしまわれる。

百重千重に取り巻いていらっしゃるというのは、お釈迦さまにしてみるならば、生まれたときにお母さまが亡くなられたことが、仏さまの第一号ではなかったかと、私は思うのです。皆さんがここのお寺にお参りになっておられるご縁を調べてごらんなさい。お釈迦さまがお母さまに死なれたごとくに、皆さんにとっても、ご主人に死なれたとか、子供に死なれたとか、そういうことがこのお寺に参らせてくださるご縁を作ってくださったのでしょう。それが本当の仏さまではないでしょうか。

先日、私は岡山のライオンズクラブの若妻会でお話したのですが、あのときほど話のできなかったことはなかった。それと比べると、今日はとても話しやすいです。皆さんは吸取紙のように話をスッスッと受け取ってくださるから、話が楽です。あのライオンズクラブの若妻会では、話していても話がみんなはね返ってきて、誰も受け取ってくれないのです。ライオンズクラブというのは、いわば金持ちの会でしょう。その若妻たちですから、悩みだとか、悲しみだとか、そんな話を聞いても、誰も反応しないのです。娑婆の幸せのところにいらっしゃるから、誰一人受け取ってくれない。あんな切ないことはなかったです。今日は話がしやすいですねえ。

皆さんが吸取紙になってくださったということは、皆さんに自由にならない困ったことがあって、何とかその困った世界をほどいてくださる世界はなかろうかという願いを持ってここにおられるものだから、仏法の話を吸い取ってくださるのです。これは私の解釈ですが、仏というのは、ほどけるのだと私はいただいております。お釈迦さまは城を出られて六年間の苦行の末、この地獄・餓鬼・畜生の問題がほどけられたのでしょう。皆さまも、その教えをいただいて胸のしこりがほどけるところに、こういう世界が出るのではないでしょうか。

その根本は、こういう三悪道の問題です。だから四十八願の初めに「無三悪趣の願」が建てられた。地獄・餓鬼・畜生のない世界がほしいという願が建っているわけです。いったいどうしたらこの問題がとけたか。罪と障りだけは持ちものがあるから罪と障りを種にして、等正覚というお釈迦さまのほどけた世界のところにまで助けてやろうとおっしゃるのが、「如来大悲の恩徳」ということです。

私がほどいたのなら恩徳は要りません。阿弥陀さまのお誓いが成就して、そのお誓いのお薬によって胸がほどけさせていただいた。その「如来大悲の恩徳は、身を粉にしても報ずべし」。これを私の胸まで届けてくださった、「師主知識の恩徳も、ほねをくだきても謝すべし」と、こういうふうにおっしゃってあるわけです。浄土真宗の教えは、「念仏成仏是真宗」であると親鸞聖人は言っておられます。私では絶対にほどけない、しかしお念仏のお薬によって心がほどけさせてもらった。その如来大悲の恩徳は身を粉にしても報ずべしだから、「念仏成仏是真宗」なのです。

ともかく浄土真宗の根本は南無阿弥陀仏です。このごろ私はよく申しているのですが、「南無阿弥陀仏」と称えられれば一番いいのです。わけがわかって称えるとか、わからないとか、そんなことは関係ないです。子供が「お母さん、お母さん」と呼んでいると、お母さんはとんで来ます。そんなもので、浄土真宗では「南無阿弥陀仏」と称えることが一番なのです。『教行信証』の「行巻」には大行と言ってあります。

大行とは、すなわち無礙光如来の名《みな》を称するなり。

心がほどけて仏になるのには、浄土真宗では「南無阿弥陀仏」と称するのです。称えるのです。

しかし蓮如上人は、ただ口に念仏を称えていてもいかんとおっしゃる。あれは称えた人におっしゃるのであって、称えたことのない人には関係ないことです。汽車に乗った人に「ただ乗っていてはいかんぞ」と言うのは、反対の汽車に乗っていては目的地に行かないからです。そこのところをよくよく聴聞して、反対だったら乗り換えなさいとおっしゃるのですから、その初めには乗らなければいかん。ともかく乗ることが大事なのです。乗るというのは、この口で「南無阿弥陀仏」と称えられるということです。

皆さんは先祖からずっとお念仏を称えていらっしゃるし、また他のご縁があって称えていらっしゃると思いますけれども、これは本物の念仏、これは嘘の念仏などと言っているのは、あれは暇のある時の話で、ほんとに困ったら「南無阿弥陀仏」しかない。子供が「おかあさーん」と呼んで、これは本当のお母さんだ。「おかあさん、おかあさん」、これは嘘だと、そんなことはないです。

ともかく「南無阿弥陀仏」と称えることが仏になる根本であるというのが、浄土真宗の教えです。皆さん、一度でもお念仏が出たことがあったら、もうしめたものです。

遅くても五百年経つと仏になれることになっている。「五百年もか」というけれども、まあそれでもいいです。ともかく乗っていれば行くようになっている。それが浄土真宗の教えなのです。八万の法蔵を知っても、ただこの頭で知ったのは壊れます。頭でいくら聞いていても答えは出ないのです。親鸞聖人でさえ、二十年も比叡山で学問なさったけれども、どうもならなかった。法然上人のところで「ただ念仏して弥陀にたすけられまいらすべし」との仰せをいただかれて、はじめて本願に遇われたのです。

自力を尽くしての南無阿弥陀仏

さて、話をもとへ戻しまして、「阿弥陀如来来化して、息災延命のためにとて」。災いをやめて命を延ばす。これについて、十九願と二十願と十八願とがあるわけです。十九の願は、私の力で何とかして災いをやめて命を延ばそうというのです。皆さんも、私も、一生懸命にそれをやっています。悪いことをすれば悪い報いが出るから、善いことをしようと努める。言葉づかい一つにしても、他人の気にさわらないようにと、一生懸命になります。息災延命のために努力していますわねえ。

若いときは嫁さんを顎で使い回したけれど、だんだんヨボヨボになってくると、このあとの面倒を嫁さんに看てもらわなくてはならないから、言いたいことが喉まで出ていてもグッと押さえる。あれは息災延命をやっているわけです。飲み食いするにも、もうちょっと呑みたいけれど一杯でやめておこうとか、今日は呑んでも明日は少し遠慮しようとかいうようなもので、ともかく息災延命に努力します。しかし、いくらやってみても人間の力では足りないのです。これを十九の願、自力というのです。

親鸞聖人は比叡山にいらっしゃる時、ともかく自分の力、十九願の世界で一生懸命に、この場合に即していえば息災延命に努力なさったわけです。しかしながら、修行をしてもお経を読んでみても、やっぱり一日一日命が減っていきます。善い行いをした人が長生きするかというと、善い行いした人も、やっぱり病気を出して死んでいきます。善いことをすれば善い報いがある、悪いことをすれば悪い報いがあるというが、そのとおりにはいかないのです。善いことをした人が早く逝って、悪いことをした者が威張っていて、それで皆さまも困っていらっしゃるのでしょう。

しかし、そんなことも言ってはいられないと、私たちは一生懸命に自力で息災延命をやっているのではないですか。親鸞聖人は比叡山でいろいろお経を読んだり、行を修したりなさったけれども、やっぱり命が減ってくる。心の中をのぞいてみると、「愛欲の広海に沈没し、名利の大山に迷惑する」と言って嘆いておられます。山中で一人観想を凝らしていたら愛欲の広海なんか出てこないのではと思うけれども、人里離れた所にいると、いっそう人恋しくて寂しいのではないのでしょうか。

親鸞聖人は、そうやって二十年間も努力されたけれども、どうしても災いは出てくるし、命を延ばすようなこともできない。それで今度は半自力半他力をなさった。半他力というのは、お念仏が口を割られたのです。二十年やるだけやられたのだけれども、どうにもならないものだから、法然上人のところにおいでになって、「ただ念仏して弥陀にたすけられまいらすべし」という仰せをいただいて、南無阿弥陀仏の人になられたのです。皆さんも、お念仏が出ていらっしゃったら、もう比叡山はすんで法然さまにお遇いになったという段階なのです。自信をお持ちになることだと思います。もうすでに念仏が出ているということは、今さら二十年も比叡山に行かなくてもいいのです。自分の力では始末がつかないという証し、証明です。なかなかお念仏が出なかったでしょう。

ここのお寺のお嬢ちゃんは、七重ちゃんとおっしゃるそうです。私は、生まれた時の名前を七郎といいました。私が生まれたのは、福岡県の、今は甘木市になっている、秋月という所です。生家は侍のはしくれだったのですが、侍というのはいやなもので、人を殺すのだ。だから、いやな血が流れているのでしょうけれども、そんなことは如来さまのお与えの血だから、如来さまに放りつけておけばいい。それで、私は坊さんの名前ではなかったのです。男がズラリと七人生まれて、私が七番目。長男にはなかなか難しい名前がつけてあるけれど、七人目くらいになったら、「ああまた男か、七番目なら七郎にしとけ」というて、七郎です。八番目にたまたま女が生まれた。「お八番目か、そんなら八重にしとけ」というので、妹は八重になった。しかし、ありがたいことですねえ。きのう、七重ちゃんという名は、お釈迦さまは六道の迷いの世界を一歩出られたというところから、お父さんが七重とつけなさったと聞きました。それを聞いて、生まれた時からの七郎という名前なんか大した名前ではないと思っていたが、きのうはとても喜んでいたのです。

お釈迦さまは、お生まれになったとき、七歩歩いて「天上天下唯我独尊」とおっしゃったという。生まれてすぐに七歩も歩くのは、いってみれば下等動物ですわ。「ああ偉いものだ、生まれて七歩も歩かれたそうな」というけれど、牛などは産後ほんのしばらくで歩き出すといいますね。そしたら、お釈迦さまは下等動物か。そうではないね。あれは心が六道輪廻の迷いの道を一つ超えて、超えたというか、超えようという手が取れて、ここが法界であったと知らせてもらわれたということを表しているのです。超えるというと、何か出かけるように思うけれども、出かけたのなら、また後戻りするかもしれません。超えようという心がもし取れたとすれば、このままが機法一体です。

ともかく、自力をやったけれども、どうしても間に合わないから「南無阿弥陀仏」が出たのです。私、大学に入る前に一年間浪人をしましたが、その少し前に、かわいがっていた近所の九つの女の子が脳膜炎で死にまして、それから私は勉強をやめてしまったのです。あのとき勉強をやめずに東大あたりへ行っていたら、今ごろは閣僚かなんかになっていたかもしれん。藤原農林大臣か。しかし、大臣になったとしても、この九つの子のように死んだら…、というようなことを無意識に仏さまからはたらかせてもらって、私は寺の生まれではないけれども、東本願寺系の大谷大学という学校で、六年間真宗学を勉強させてもらうことになったのです。今から五十年以上も前のことです。

六年間、「念仏一つだ」と教えられ、育ててもらったけれども、この口からはお念仏が出ませんでした。皆さんは先祖からのご縁でお念仏が出るようにしてあるけれども、私はそれがないから、出そうと思っても出ないのです。出れば助かると聞いているけれども、出ない。それでも卒業間際に、ご縁があって出ることになりましたが、今考えると、お念仏がお出ましになったことが今日の幸せに続いていると、五十年間の体験の上で私は申し上げることです。あのときお出ましになったことが、摂取不捨の車に乗せられていたと思うのです。

私は、どなたにも他のことは言えません。「お念仏が出ますか」と、こう申します。「いいえ、出ません」「それなら出るようになっておいでなさい。まあちょっと苦労なさらんと」と、こういうふうに申します。お念仏が出られるということは、そういう始末のつかないものがあるから「南無阿弥陀仏」と出てくださる。いわゆる十九の願から二十の願への橋渡しです。

三悪道から三法道へ

今まで妻であったものが母になるときには、赤ん坊が生まれたということが証しです。浄土真宗では、お念仏が出たということが摂取不捨になられた証しなのです。私は大学生活の六年間、勧められても出なかった。けれども、出るご縁があって「南無阿弥陀仏」とお出ましになったということが、「念仏成仏是真宗」の出発であったのです。

親鸞聖人も、「大行とは、すなわち無碍光如来の名を称するなり」と、はっきり言っておられます。大行というのは、大法界の法の命から出ていたという、そういう世界が知らされるのです。それが出発です。ですから私も、お念仏があのとき出てくださっていたことが、お念仏のおはたらきで、今日の私の胸のほどけをいただいたと思っています。如来大悲のお念仏が口を割ってくださったことが、私の今日の幸せに通ずるわけなのです。

無三悪趣という世界の、三悪道が三法道に変わられたのです。私たちの雑行雑修自力の心が間に合わないというところに摂取不捨に遇ってみると、この世界は三法道なのです。法の世界です。生まれて死ぬ、そのことが永遠に変わらない法の活動の中に摂取されて動かされていることなのです。また予定の日まで行くのには、口を与えて食べさせてあるわけなのです。愛情の世界がなかったら子孫ができないから、愛情を与えて連綿として子孫が続くようにしてあるわけです。ほんとうに摂取されてみると、三悪道が三法道なのです。

「三帰依文」に「大道を体解して無上意を発さん」とありますが、大道という世界は三悪道の世界ではない、三法道の世界です。しかし、この頭でそれを覚えても、この頭は壊れる頭ですから、ほんとうに私たちがゼロになって助かるわけではないです。仏さまがゼロにしてくださるのです。無駄ということが三願転入のお仕事なのです。

自分の力でこの仏さまの世界を何とか都合のいいようにしてやろうと思ったのだけれども、どうにもならないから「南無阿弥陀仏」が出なさった。ということは、私の力では駄目だということが体で知られた証拠です。子供でも、自分で歩いている間はいいけれども、困ると、「お母ちゃん!」と言って呼ぶでしょう。あれは自分の力で生きているのではない、母の命から出ているという証拠です。「お母ちゃん!」と呼ぶのが、生み出した親の世界に行く道なのです。

お念仏がお出ましになったということは、私の命でない法の命から出ているという出発が始まったのです。だから半他力という。半自力ということは、仏さまの世界に帰るのではなくて、お念仏の力で達者になろう、幸せになろうと、親の仕事に反抗しているから、反対の汽車に乗っていることになる。こんなことは面倒なようなことだけども、一応聞いておきますと、だんだん生活の中でそれが教えられてくるわけです。

ある新興宗教のかたですが、親御さんだったか子供さんだったかが、何かの重い病気にかかった。お題目によって病気平癒を命がけで祈ったけれども、とうとう亡くなった。これで二十願が死ぬわけです。昨日、そのお葬式があったというお話を聞きましたが、してみると、その宗教は阿弥陀さまのお使いでここにおられるわけです。私たちが現世を祈る新興宗教は偽物の宗教で、我々の真宗は本物だといっているのは、間違いです。ご当流から申しますと、新興宗教は二十願の世界を一生懸命に成就してくださる阿弥陀さまのお使いです。

家庭が円満になるようにと、一生懸命に祈るのでしょう。私はそれを新興宗教的な貴重なる念仏だといただいているのです。二十願の念仏は駄目なのではないです。二十願の念仏をやるだけやらなければ、十八願は出てこない。十八願は絶対他力です。他力といっても、私たちの考える他力ではない、阿弥陀さまのお念仏ということです。

それで、この半自力で、やってもやっても思うようにならないところに、十九願、二十願は、橋渡しの念仏なのです。二十願、十八願の橋渡しは、唯除です。五逆罪を犯した者と正法を誹謗した者だけは駄目だと切り捨てられるわけです。別に五逆罪を犯さなくてもいい、いくら念仏しても子供が死んでいったということです。私の称えている念仏が間に合わないということです。

二十願で半自力になったのでしょう。しかしまた、この半自力の私の願いもかなわないという唯除の世界に、自分の力も駄目だ、神仏も駄目だというところに、本当の摂取不捨ということになる。そこで、善きも悪しきも私たちのその時の都合であって、生まれてから死ぬるまで、みんな如来さまの一本の道であるというところに、息災延命の解釈が変わってくるわけなのです。十九願では、自分の力で災難をやめ、命を延ばそうとしたわけです。二十願では阿弥陀さまの力で災難をやめ、命を延ばそうとしたのです。十八願の世界では、災難は災難でないのです。命が短いも長いもない、如来さまのくださった命なのです。こういうことが『金光明経』の「寿量品」に説いてあるわけです。

浄土真宗のおかたで息災延命のためにお念仏を称えるというと、これが気になるという人がありますが、二十願で気になるのでしょう。十八願の世界では、これが気になりません。なぜなら一切合切が私なしだからです。そうでしょう、お腹の痛いのは、あれは病気ではない、痛いには痛いけれども、それは体の状態がそういうふうになっているからだ。機法一体です。下痢をするのは病気だというが、食べたものが消化しないのであって、お腹の痛いのが機法一体なのです。いいのでもない悪いのでもない、それは真実です。

延命というのは、命を引き伸ばすというのではないです。命は初めから無量寿です。水の泡が三秒で消えるのと、杉の木が千年生きているのとは、仏さまからいえば同じなのです。なぜかというと、如来さまの永遠に壊れないお命がはたらいていらっしゃるから、水の泡は三秒で消えるのだし、杉の木は千年伸びるのです。これが十八願の世界です。

そうすると、うれしいときには笑うのが、そういうふうになっているのです。正定聚不退転というのは腹が立っても笑わなくてはならないというなら、それは難しい話だ。腹が立ったら腹の立った程度でちゃんと顔に出てきているし、悲しいときは悲しみの程度で涙が出ているのであって、それをそのままの救いというのです。

十九願、二十願、十八願というこの順序を踏むようにしてあるわけです。皆さんは十九願のところにいらっしゃいますか、二十願のところにいらっしゃいますか、十八願のところにいらっしゃいますか。どこにいらっしゃるのでしょうか。

私たちは、一度この十八願の世界に出ますと、それからというものは前の通りなのです。

藤原正遠師を想う

大法界を思うがままに

楠　達也

長崎光源寺の境内に、

来し方も又ゆく方も今日の日も我は知らねどみ運びのまま

の藤原正遠先生の歌碑と、

われらみな大地の子なり大地より香りゆかしき水仙は咲く

の藤原鉄乗先生の歌碑が建立されています。

思えば、平成五年五月、本堂落慶二周年特別日曜礼拝に正遠先生と利枝先生と長崎までご来教いただき、ご一緒にお元気なお顔にほほえまれて、この歌碑建立の除幕を引いてくださったのでした。あたかも先生の卒寿記念でもありました。もちろん佐々真利子さんもお元気だったし、この日に一番喜んでいたのは真利子さんだったのではと、今にして思えばそう思えます。

正遠先生と長崎とのご縁は、すでに藤原鉄乗先生と私の祖父楠活雷師との大正時代からの出会いに始まっていたのですが、私も真利子さんも正遠先生もやはり、み運びのままに出会わせていただいたのだと感無量のものがあります。

まだ龍谷大学に入ったばかりのころ、仏教そして真宗、まして南無阿弥陀仏の深さも、広さも、ありがたさも、なんにもわからないで月忌参りにご門徒の佐々真利子さんのお宅にお伺いして、お勤めがすんでお茶をいただきながら、親鸞聖人、蓮如上人のこと、『歎異抄』のことと、会話が重なるうちに、真利子さんが、

「明晩、片渕町の西明寺さままで石川県の藤原正遠先生がおみえになってご法話会がありますから、あなたも一度おでかけください」

と声をかけられました。自分の寺に戻って母に、佐々さんからこんなお誘いを受けたことを言うと、

「アー、藤原先生それは一度行って聞いたがいいよ」

と勧めてくれました。そのとき母は、母の父活雷師と正遠先生の義父鉄乗先生との交流を知っていたし、真利子さんが不自由な身体の身で正遠先生のみ教えに出遇い、南無阿弥陀仏の身に育っていかれていることを承知していたから、まっさらな私には何も説明しないで、「行っておいで」とだけ勧めてくれたのだと、今は母の心が偲ばれます。

そういえば、小学校五年生のとき、「今日は学校を早引きしてきなさい」と言われ、帰ってみると、外出の用意をさせられ、宮城道雄先生のお琴の演奏会に連れて行かれ、何もわからないまま退屈に「六段の調べ」を聞いていた。今は母が本物に会わせておくことを残してくれていたのだと、六段の調べを聞くたびに感ずることがありますが、正遠先生との出遇いもやっぱりそうだったのかと思われてなりません。

はじめてご法話を聞かせていただき、座談会があり、一人一人発言させられ、

「私は父が亡くなり、住職になるために龍谷大学に入り勉強中で何にもわかりませんが、仏の子どもを育てる子ども会に熱中しています。お釈迦さま、親鸞さま、そしてお寺が大好きだから、とにかく無我夢中で頑張ってみます」

と十八歳の私はそんなことを言ったと記憶がよみがえってきます。

満顔満面ほほえみながらそれをじっと聞いてくださっていたその慈愛に満ちたお顔、一生忘れることができません。でもお話はちんぷんかんぷんでした。

母に「どうだった」と尋ねられたとき、

「話はさっぱりわからんばってん、よか先生のごたる」

と答えたようでした。でも不思議なもので、年に三回ご来教くださるたびに、一度は必ず顔を拝みに行かなければ気がすまないようになっていました。

その後、昭和三十六年頃、今度は私のお寺光源寺で正遠会をと言われ、それがご縁で毎年一度はご来教くださることになりました。これも佐々真利子さんが、光源寺でご法座をすれば必ず私が聴聞してくれるとの深い願いが込められてのことであったかと、その心が今はよく胸に届くことであります。

でも青年僧の私は、青少年教化活動に全力投球のとき、なかなか先生のお話が身に響いて聞こえてなかったようです。「来し方も又ゆく方も今日の日も我は知らねどみ運びのまま」そんなこと言ってるから仏教は、真宗は、とすごく反発ばかり心の中では思いつつも、何か気になって気になって仕方

のない先生のお話でした。

早朝、子どもたちを集めて、毎朝毎朝剣道の指導に汗を流している私の姿を、先生は遠くで眺めていらっしゃって、私が井戸水で顔を洗いに庫裡へ帰って来ると、

「私も剣道少しやっていました」

とにこにこして手を差し出され、握手までしてくださったときは、「えっ！　先生も剣道を」と驚いたものでした。

後年先生のお話の中に、剣道の道場に貼ってあった大谷大学募集のポスターを見て大谷大学へ進んだというエピソードをＮＨＫテレビ放映の時の金光先生との対談で話されていたのを見たときは、「あれ、あの時の微笑は、なるほど」とうなずいたものでした。若き日のご自分の姿を、私の姿を通して懐かしんでいられたのだと思います。

でも、なかなか唯称仏のお心は私には届いてきません。

　たのめとは助かる縁のなき身ぞと教えて救う弥陀のよび声

といわれても、助かる縁をさがして南無阿弥陀仏といってるようでなりませんでした。そのお心を佐々真利子さんは、一のものを十にして、十のものを百にして私に解説してくださる年月が重なってゆくうちに、大法界そして絶対無限の妙有、自力無効、私は法性法身ですというような、学校で学んだ仏教学、真宗学を越えてのおいのちさまの世界の言葉や響きが、なんとなく胸におさまるようにしみこんでくださいました。

昭和六十一年、光源寺テレホン法話をスタートするときに、佐々真利子さんにお願いして正遠先生にも来崎のたびに録音していただき、藤原正遠師光源寺テレホン法話として五十四話を小冊子にまとめさせていただいたことであります。正遠先生の米寿を迎えられたときのことでした。今は心の宝物として何度も何度もお聞かせいただいてお育てを受けています。

藤原正遠先生と佐々真利子さんとの出遇いは、あたかも法然上人と親鸞聖人の出遇いのごとく、「よき人のおおせをかぶりて、ただ念仏して弥陀にたすけられまいらすべし」の一言に尽きます。

いきづまったら南無阿弥陀仏
せつなかったら南無阿弥陀仏
むなしかったら南無阿弥陀仏
さみしかったら南無阿弥陀仏

いずこにもゆくべき道のたえたれば　口割りたもう南無阿弥陀仏

「人生の意義、生きる意味を自分の中に探して求めてもむなしいばかり、わけは仏さまのほうにあられるのです。すべて大法界のおはたらき、お仕事です」

「唯称仏とお教えくださってもわかりません」

「わからなかったら、お念仏しなさい。お念仏さまが教えてくださいます」

「出ません」

「出ないなら、ねじり出してでもお念仏申しなさい」

と、正遠先生と佐々真利子さんとの問答は今ここに聞こえてくるようです。

私もふと気がついてみると、朝起きると南無阿弥陀仏、何をしていても南無阿弥陀仏と、お念仏が出てくださる身にお育ていただいていました。あれほど反発していたのに、

生きるものは生かしめたもう　死ぬものは死なしめたもう
我に手のなし南無阿弥陀仏

なんて力のない、もっと念仏は強く明るく生きぬくエネルギーなのにと反発反発。でも今日この頃は「生きるものは生かしめたもう、死ぬものは死なしめたもう、我に手のなし南無阿弥陀仏」と素直にお念仏申して、すべて阿弥陀さまにおまかせしての大安心の世界に恵まれる日々であります。

正遠先生はよく、

出たままが法のまま
法界のなさしめたもうことなれば定めのままに南無阿弥陀仏

と教えてくださっていましたが、やっと六十歳を越えて、そのことが至り届いてくださいました。これからは仰せのままに泣き笑い、老を悲しみ、病に苦しみ、欲に動き、好き嫌いに惑わされ、煩悩さまに運ばれて、

生き死には花の咲くごと散るがごと　弥陀のいのちのかげろいのなか

と正遠先生のお歌に教えいただきながら歩まさせていただくばかりです。

藤原正遠先生、不思議な不思議なお方です。ご往生なさってから年月が経つほどに、どんどん近く

に来てくださるお方です。今は先生の仰せのままにお念仏さまが口を割って出て来てくださるのです。寝ても覚めても南無阿弥陀仏と大法界の絶対無限のおいのちさまがお出ましになって、身も心も南無阿弥陀仏に仕上げてくださることでございます。

なつかしく思い出すことですが、「カラ念仏まことに結構、いつの日かカラはすたれてまことは残る」と言ってくださったとき、そんな馬鹿な、南無というは帰命、帰命とは発願廻向。カラ念仏は駄目ですと、反発していた日々のことを繰り返し繰り返し味わうことでございます。十年、二十年、三十年と北陸の地より足を運んでくださってお伝えいただきましたが、ご往生なさってからは本当に親鸞さまのごとく、よせかけよせかけ帰るごとく、還相廻向でお出ましになって、今なお、お導きいただくことでございます。

長崎でもどれだけの多くのご法縁の方々が今なお教え導かれ、日々の命の灯として歩んでいられるか、その数を知りません。苦悩に会えば会うほど、先生のみ教えが生きてはたらいてくださることです。晩年ご自分も心臓の病のとき、

「苦しいとき、よくお念仏が出たが、元気になったら念仏を忘れて申し訳ない」

というお同行に元気なときまで親さまを使わんでもよいなどとお話しをされ、どこどこまでも絶対のお救いであることを知らせてくださる消息でありました。

そういえば、いつかのご法話のとき、本願の唯除五逆誹謗正法の文について、

「唯除とは、おまえを除くではなく、五逆誹謗正法の罪を除いておまえを救う」

と読んでくださったときは、開いた口がふさがりませんでした。この先生は学問や知識や教学のものさしで経典やお聖教を読まれているのではなく、いのちそのもの、たましいそのもので読んで教えてくださっているのだと。だから「私は法性法身です」と言いきってくださったのだと、どこまでも私の世界ではなく、仏さまのいのちの世界を語ってくださっていたのだと。

「私はお釈迦さまと同じ世界に生まれました」

と味わっていらっしゃった晩年は、もう生も死も、地獄も極楽も、この世もあの世もなくなって、あるのは絶対無限の妙有のおいのちさまのご活動、おはたらきに帰命されて南無阿弥陀仏さまに摂取されて、淡々と生き、淡々と死んでゆくお姿をお示しくださったことであります。あや雲の流るごとく遊々と佐々真利子さんと再会され、大法界に思うがままに遊歩してくださっていることを拝ませていただくばかりです。

私の三男の遊也が生まれたときに、

み仏の光の中にスクスクと大地を踏みて遊歩したまえ

と色紙に書いてくださったことが、なんともありがたく偲ばれてなりません。ただただお念仏申し上げるばかりでございます。合掌

藤原正遠師と佐々真利子さん

藤原　正寿

藤原正遠といえば佐々真利子さんの名前がすぐに思い浮かぶほど、二人の関係は深いものがあり、またそのことは周知のことでした。私も、佐々真利子さんが、不自由な体のまま、長崎から浄秀寺まで何度も来られたことを憶えています。

佐々さんは、平成九年十二月二日に亡くなりました。その同じ年の一月十九日に正遠師が亡くなっているのですから、まさに後を追うように亡くなっています。

佐々さんと正遠師のつながりが、どのようなものであったか、佐々さん自身が書き残されたものがあります。その一文を引用することによって、ご理解いただきたいと思います。

大正十三年九月一日に生まれた私は、歩きはじめると赤い鼻緒の豆下駄を履いて、表へ走り出す元気な女の子だったそうです。

それが二歳の初夏、脊髄性小児麻痺になり、四肢ともにぐにゃぐにゃになってしまったのです。病状が落ちつき、成長するとともに左手と両手先だけが動くようになり、小学五年の始めまで母に背負われて学校へ行きました。

ちょっとでも麻痺に効くと聞けば、大きくなった私を背負ってどこまでも連れて行ってくれた母の願いのお陰でか、少しずつ松葉杖で歩けるようになり、学校へも一人で行き、次第に自分のことだけは曲がりなりにもできるようになりました。

ところが今度は、私が大きくなり他の姉兄が（私は六人姉兄の末子）それぞれ伴侶を持ったとき、この娘は（私のこと）いったい誰と語り合うだろう。と思った母は、家が浄土真宗なので阿弥陀さまとお話しできる身にさせておいたら、と思いついた。と申しておりました。

そして、「お前、お寺に参るか」と言うのです。私はあまり外に出ないので外出が嬉しく、「ふん行く」と、それが、み仏さまのお恵みの御縁の始めだったのですねえ。

昭和十六年に父を亡くし、その前に姉兄は嫁いだり亡くなったりで、母と兄と（現在もこの兄の家族と同居）私とで太平洋戦争の末期を迎えました。そのとき兄は、戦艦武蔵を造った三菱長崎造船所に勤めていたので、空襲の時には会社に飛んで行かねばならず、後に残って母だけなら逃げられるとなった場合、母は私を置いて逃げないだろう、そしたら私は今自殺したほうが親孝行ではなかろうか、と真剣に考えたものでした。それが私の家は小さな山の陰になっていて、原爆の直撃を免れ、怪我もなく、終戦で解決がついたのです。

そして今度は、昭和二十四年一月、結核性脊椎カリエスにかかり絶対安静の身となったのでした。

そのとき兄は結婚していて、長男が生まれていましたが、兄夫婦はやさしく、母も、「お前は病人だ、とにかく早く快くなることだけを考えよ。物資不足も何も知らなくてもよいのだから、ただ感謝して養生せよ」と言ってくれるのですが、それが分かれば分かるほど、臥せっていることがつらく、薬も効かない骨の病気では長く人の手を取って死ぬだけだと思い、またよしんば何年か後、快くなってもこの小児麻痺の身体ではと思うと、生きていることが呪わしく、いったい私は何のために生まれてきたのだろうか、人に迷惑をかけるだけではないのかと思い、人生に夢も希望もなく、苦悩は深まるばかりでした。

自殺を考えるけれども動けない、かといって舌嚙み切って死ぬ勇気もない、その苦悩のどん底のとき、以前一緒にご法縁に遇っていた先輩のお心尽しで、藤原正遠先生をご案内して来てくださったのです。

それは、昭和二十五年九月二日でした。

ちょっと変だが尊い先生だ。と聞いていたので、どんな先生が見えるかと二階からのぞいていた私に外から手を振り、お迎えに出ていた母に家の前にあった無花果を「これ大好きです」とおっしゃりながら二つ三つちぎって上がって来られました。

「私が藤原です」と、私はその場では何も言えなくなってはと思って、前もって便箋八枚に不具の身体の上に現在の病気、いったい何のために生きてるのか、人生の意義が分からぬし、これから先、何年人に迷惑をかけて生きねばならぬかと思うと気も狂うほどだ。というようなことを書いていたのをお目にかけたのでした。先生は黙ってそれを読んでくださって、「あなたは、自分が不具だ、不具だと言うが、どこが不具かね。――それは人と自分を比ぶればね、でもみかんの味と、りんごの味と、どう比べるの。――比較できないものを、比較するところにいろいろの病気が生まれるのです、それを比較病と言うのです」と、お教えくださったのですが、私はまだ小言を言ったのです、すると先生はちょっとお声を厳しく、

「そんなに寝てるのが嫌なら、起きて歩きなさい」

と、おっしゃったのです。びっくりいたしました。でも私も一生懸命でしたので、なお叱られるかと思いながら、

「起きて歩けるぐらいなら、こんな苦悩はいたしません」

と、つい口答えしたのです。そしたら先生は、お叱りどころか、今度はやさしく、

「それなら寝ときなさい、そこが今あなたに、仏さまがお与えくださった、一番楽な場なんですよ」

と。「変な先生だ」とは聞いていたのですが、どうしてこんなことがおっしゃられるのだろうか。私のこの不具な身体がお見えにならないはずはないが、と本当に不思議でした。

先生はそんな私をお見抜きになられてか、

「分からなければお念仏なさい、お念仏さまが教えてくださいます。そうすると私の言うことも分かります。お念仏が出なければ、にじり出しなさい」

とおっしゃって、ちぎりたての無花果をおいしそうに召し上がって、来年を約束し、かたい握手をし

てお帰りになられたのです。

そしてその翌日、第一信をいただいたのです。でも身体中病に冒されながらも強情な私は、お念仏は出ませんでした。お念仏すれば、先生の仰せが分かるのではないか、と思うのですが出ないのです。それどころか、

「来年お目にかかりましょう。また来年逢えると思うと、私は生き甲斐を感じます。待ち遠しいけれども、私はその思いだけで今日生きていることに勇気が生まれます」

というお便りが不思議でさえありました。それくらいのことで生き甲斐が感じられ、勇気が生まれるのだろうかと。また、

「本当にどうにも、こうにも自分を、自分でもてあます日、必ずお念仏が口を割って出てくださると信じています。出てくださることになっています」

ともあるのです。

本当だろうか。考えれば考えるほど分からなくなってしまったのです。

何が分からないのか、何を考えようとしていたのか、それさえも分からなくなったとき、お念仏さまは私の口からお出ましくださっていたのでございました。これは後に気づいたことです。本当に先生の仰せの通り、阿弥陀仏はお念仏となって、私の口を割って飛び出して、摂取においでくださっていたのでございました。今しみじみそう思われるのでございます。

でもその時は、お念仏さまが廻向されていることも知らず、阿弥陀さまが抱きしめてくださってい

たことも知らず、心の底からすっきりしないもので、先生のお便りを出しては読み、出しては読み、また私もいろいろと理屈ばかり言って書きました。するとすぐにお返事をくださるのです。

また毎年訪ねて来てくださいました。ある時はお念珠や、香水のおみやげもいただきました。先生のご来崎の時だけは私も主治医のお許しを得て、お寺で寝ながら聴聞させていただいたこともございました。主治医もその時は、どうせ近く死ぬと思っていられたらしいです。

病気は行きつもどりつしながらも、結核の特効薬などもできたお陰で、仰臥十年の後カリエスは全治し、前よりも元気に松葉杖で外出もできるようになったのですが、「私は生きていて良かった」と言える日が一日でも来るだろうか、と思い続けた長い病床生活を振り返り、その一事を正遠先生のご法話に聴聞いたしたく、ただただ先生のお育てをいただいてまいりました。

そして今、人生の意義は仏さまのほうにあり、今日一日の私は、大法界の中で、仏さまのお与えくださった完全円満な法体で、私にふさわしいことをさせていただき、泣きつ笑いつ、いろいろの諸仏さまに譲られ、み名に抱かれて、いただいたお命を大切にさせていただきたいと、切に切に念じられるのでございます。

あの苦悩一杯の、真暗闇だった私が、明日のことは知らなくとも、一切大法界から押し出されて、不可思議の御妙用のままに運ばれていることを、お教えいただいたことは、この上もない仕合せでございます。今思うのです。一物として残る所もなく、摂め取ってくださっていたみ仏さまの広大な世界へお念仏は生まれさせてくださって、本当に生きていてよかった、と。

なお、一番私のことを心配してくれていた母は、十年ほど前「もうお前のことは心配いらぬ、阿弥陀さまが護っていてくださる。お念仏さまがお出ましくださる。お法友（ともだち）もたくさんいてくださる。もう私は心配いらぬ」と申してくれました。その時は本当に嬉しゅうございました。それから間もなくして、母は三か月ほど臥せってひっそりと手を合わせ、老衰で亡くなりました。八十三歳でした。真に私は、お念仏さまに遇わせてやろうとのみ仏さまの、皆さま方のお護りの中におりました御恩の固まりでございます。もったいないことでございます。

正遠先生にご縁をいただいて、今年でちょうど三十年になります。この三十年の間いつも座右にあってお育てくださった「大道」誌や「法爾」誌、またいただいたお便りも五百信となりましたので、その中から、先生のお許しをいただいて、本に致したく願い出ましたところ、「法爾」誌の第一号から第二十五号までのご文やお歌、また序文まで頂戴いたしまして、ここに一冊の本にさせていただけますことになりました。私にとりましては、大切な、大切な〝宝〟でございます。

また、先生の御恩を感じ、今の仕合せを思えば思うほど、この先生の得難い尊いみ教えを、お一人のお方にでもお伝えいたしたい気持ちでもございます。どうぞ、お一人でもお読みいただけますれば、ありがたく嬉しい極みでございます。この本ができますことは、お浄土で母もきっと喜んでいてくれると思います。

正遠先生、本当に、本当にありがとうございました。これからもいよいよ不可思議の世界を、深く、深くお教え賜りますよう伏してお願い申し上げます。

最後に、正遠先生のお歌を一首頂戴いたしまして、はじめの言葉とさせていただきます。

何ゆえに生まれこしかは知らねども今日の一日をたのしみゆかむ

南無阿弥陀仏　合掌

昭和五十五年三月十三日

佐々真利子

この文章は『藤原正遠師の慈愛の中に』という小冊子の序文にあたるものです。この本は、佐々さんが正遠師からもらわれた手紙をまとめられたもので、念仏者の心の交流がよくわかる本です。佐々さんは、この本のほかにも、正遠師の講話や原稿をまとめた本を何冊も出版しておられます。正遠師の教えを一人でも多くの人に読んでもらいたい、広めたいという思いを終生持ち続けておられました。

執筆者紹介

池田勇諦（いけだ　ゆうたい）
一九三四（昭和九）年生まれ。三重県出身。
同朋大学元学長。真宗大谷派西恩寺住職。
現住所　桑名市八幡町

楠　達也（くすのき　たつや）
一九三八（昭和一三）年生まれ。長崎県出身。
浄土真宗本願寺派光源寺住職。
現住所　長崎市伊良林

藤原正寿（ふじわら　まさとし）
一九六三年（昭和三八）年生まれ。石川県出身。
親鸞仏教センター研究員。真宗大谷派浄秀寺候補衆徒。
現住所　東京都北区赤羽

藤原正遠略年譜

西暦	和暦	年齢	年譜
一九〇五	明治三八		六月十一日、広沢幾太郎、広沢トラの子として生まれる。八人兄弟の七番目。（福岡県甘木市秋月町）
一九一九	大正八	一四	福岡県朝倉中学校入学
一九二四	大正一三	一九	福岡県朝倉中学校卒業
一九二六	大正一五	二一	大谷大学入学
一九三〇	昭和五	二五	大谷大学卒業
一九三二	昭和七	二七	横浜小学校の教員となる。後に、横須賀高等女学校の教員となる。
一九三四	昭和九	二九	三月、藤原利枝と結婚し、浄秀寺へ入寺。
一九四〇	昭和一五	三五	石川県松任高等女学校の教員となる。
一九四七	昭和二二	四二	七月、真宗大谷派の教務部長に就任。同年一二月一二日、訓覇信雄、竹内良恵、竹田淳照、岸融証

一九四八	昭和二三	四三	らと共に部長職を辞任。
			真宗大谷派浄秀寺住職に就任。真人社の結成に参加。
一九五五	昭和三〇	五〇	昭和三〇年五月より昭和五〇年まで、自坊機関誌『大道』主宰。
一九六三	昭和三八	五八	浄秀寺住職を辞任。日本各地へ晩年まで布教の旅に赴く。
一九六四	昭和三九	五九	七月『あや雲のながるる如く』上巻出版。
一九六五	昭和四〇	六〇	七月『あや雲のながるる如く』下巻出版。
一九七二	昭和四七	六七	四月『一枚の木の葉の如く』上巻出版。
一九七三	昭和四八	六八	五月『一枚の木の葉の如く』下巻出版。
一九七五	昭和五〇	七〇	二月一六日、藤原鉄乗師逝去。
一九七六	昭和五一	七一	昭和五一年より自坊機関誌『法爾』を発行。
			五月、第一回仏法聴聞会始まる。
一九七七	昭和五二	七二	五月『百花みな香りあるごと』発行。
一九七八	昭和五三	七三	九月『大悲の中に―念仏のうた―』出版。
一九八四	昭和五九	七九	五月『親のこころ子のこころ』（法藏館）発行。

一九八五	昭和六〇	八〇	七月『摂取の大悲』（法藏館）発行。
一九八六	昭和六一	八一	ＮＨＫラジオ「宗教の時間」に出演。
一九八九	平成元	八四	ＮＨＫテレビ「こころの時代」に出演。
一九九三	平成五	八七	六月『み運びのまま』発行。
一九九六	平成八	九一	石川県宗教連盟から宗教文化賞を送られる。 ＮＨＫテレビ「こころの時代」に出演。
一九九七	平成九	九二	一月一九日逝去。法名、彩雲院釈正遠。

藤原正遠講話集　第一巻　正信偈
二〇〇二年五月一五日　初版第一刷発行
著　者　藤原正遠
発行者　西村七兵衛
発行所　株式会社　法藏館
京都市下京区正面通烏丸東入
郵便番号　六〇〇-八一五三
電話　〇七五-三四三-〇〇三〇（編集）
〇七五-三四三-五六五六（営業）
印刷・製本　中村印刷株式会社

ISBN 4-8318-4502-7 C3315

藤原正遠講話集 全五巻

第一巻 ― 『正信偈』依経分の講話と、『愚禿悲歎述懐和讃』などの解説を収める。正遠師の世界が、聖教によって語られる。

第二巻 ― 正遠師の世界がよく表された講話を精選して収録。人間の分別を破って大法の世界に生きることの安らかさを説く。

第三巻 ― 『法爾』誌に発表された昭和五一年から昭和五九年までの文章を収録。正遠師の世界が色々なことによせて語られる。

第四巻 ― 『法爾』誌に発表された昭和六〇年から平成五年までの文章を収録。最晩年の正遠師の世界が語り出される。

第五巻 ― 昭和六年から最晩年まで、生涯を通して作られた数多くの歌の中から、藤原利枝師が五〇〇首を精選して収める。